# ORIGEN DE LAS PALABRAS Y SU SIGNIFICADO

*Como se publicaron en El Aviso en la Sección
de EL SIGNIGICADO DE...
De 2010 a 2016*

## BRINDIS.

Del alemán *bringen*, que significa beber a la salud de otro. La palabra "brindis" proviene de la frase en alemán *ich bring dir's* (yo te lo ofrezco). De ese mismo modo te ofrecemos estas palabras con su origen y significado... ¡Salud!

*Intencionalmente no hemos querido poner índice ni seguir orden alfabético.*

*Para que puedas caminar por este libro como por un campo virgen e ir encontrando a cada paso, en cada página, una agradable sorpresa, alguna novedad, algo que aprender o recordar. Que disfrutes leyendo como yo disfruté escribiendo.*

*Sé que habría mucho más qué decir de muchas palabras y que todavía faltarían muchísimas palabras interesantes, pero seguimos publicando en El Aviso, cada semana, alguna palabra con su origen y significado.*

*Gracias por leer.*

# BOTICA

*"De todo, como en botica"...* quedó el dicho, pero las boticas y los boticarios van desapareciendo.

**BOTICA** se define como *"farmacia, laboratorio y despacho de medicamentos»* La palabra viene de la misma raíz de donde viene la palabra **bodega,** de origen griego. Bodega llega al castellano a través del latín, **Apotheca**, farmacia. En cambio, su hermana botica viene del griego bizantino **apothíki**, 'depósito, almacén', lo mismo que el catalán y el valenciano **botiga** y que el aragonés **botica** y **botiga**, que conservan todas el sentido de 'tienda' que también tuvo al principio en castellano.

En el siglo XV fue cuando empezó a especializarse botica para designar a la farmacia, pero todavía en 1611, Sebastián de Covarrubias decía de botica: *"La tienda del boticario, y también la del mercader, donde tienen los paños y sedas y otras mercaderías".* Farmacéutico, que en griego quiere decir **'el que prepara los medicamentos'**, se empezó a usar en español hasta principios del siglo XVIII, y como palabra muy culta, no popular, las populares eran las boticas, donde de niño comprábamos no medicinas, sino dulces y utensilios escolares.

# CUESTIÓN

Cuestión, es una palabra que muchos confundimos con asunto, tema, tópico. Tal vez el uso más correcto, por su origen y significado sea en inglés... *to be, or not to be: that is the question...* Ser o no ser, esa es la pregunta. O *What is your question?* ¿Cuál es tu pregunta? Porque la palabra CUESTIÓN viene del latín **questio**, que significa pregunta.

Por lo tanto, **cuestión** es una pregunta que se hace o propone para averiguar la verdad de una cosa, controvirtiéndola. Se oponen dos términos lógicos, o dos razones respecto al mismo tema para lograr un estudio detenido y resolverlos con acierto...

**Cuestión candente** se dice de alguna controversia que despierta pasiones, y puede llevar a discusiones acaloradas sobre algún tema.

**Cuestión de honor** se dice de un asunto que pondría poner en duda el honor de una persona y que se debe de enfrentar en alguna forma determinada.

**Cuestionable** se dice de algo dudoso, problemático y que se pude disputar o controvertir...

**Cuestionario** sabemos que es un conjunto de preguntas

*Cuestionar* es algo más que un simple preguntar, pues es controvertir un punto dudoso, proponiendo las razones, pruebas y fundamentos de una y otra parte.

Se habla también de *cuestión de gustos, cuestión de lógica*, y muchas otras cuestiones, pero todas ellas suponen una elección, un escoger entre opciones.

# ELOCUENCIA

En Retórica se le llama Elocuencia a la facultad de persuadir al lector o al oyente, y de conmover su ánimo por medio de la palabra.

Del latín *elocuentia*. Puede definirse como ciencia y arte de la locución. **Ciencia**, porque su fundamento es la verdad. **Arte**, porque su gala es la belleza.

*La Elocución*, es la colocación y distribución de las palabras y sentencias y saber aplicar con propiedad y ornato las cosas inventadas y dispuestas por el orador

Del latín, *elocutio,* forma sustantiva abstracta de *ēlŏcūtus,* que significa explicado, expuesto.

*ELOCUENTE*.- Es un Adjetivo que se aplica al que habla o escribe con elocuencia.

*Eloquens, eloquentis* en latín es participio de presente de *eloqui,* exponer; palabra compuesta de *ex,* fuera, y *loqui,* hablar.

*RETÓRICA*.- Del adjetivo griego *rhetorike,* del verbo *rheó*, yo hablo, y *techné* arte.

Retórica es el arte de hablar bien, de bien decir. *Ars bene dicendi,* se diría en latín, el idioma del elocuente Cicerón.

## PERGAMINO

Se llama así a la piel de la res limpia, raída, adobada y estirada que se usa para escribir en ella o para encuadernaciones y usos decorativos.

El nombre le viene por la ciudad de Pérgamo, en donde, si no se inventó, fue célebre por el arte de prepararlo.

La ciudad de Pérgamo estaba situada en la región de Misia, en el Asia Menor, y fue capital de un pequeño reino fundado el año 283 a. C. por el eunuco Filetero y que luego formó la provincia romana de Asia.

El pergamino sustituyó con ventaja al papiro y a las tablillas de cera usadas por los romanos.

## PANTALÓN

Cuando Julio César invadió las Galias, hoy Francia, los romanos descubrieron el pantalón, que los galos llamaban **braca.**

Los romanos consideraban bárbaros a los que lo usaban. Con todo, comprendieron que defendía del frió y adoptaron la prenda con todo y nombre.

Las **bracae** fueron usadas únicamente por gente baja, pero su uso se popularizó tanto que se creó una clase de sastres llamados **bracasi** que se dedicaron a confeccionar pantalones o **bracas,** que en español se llamaron bragas.

La invasión de los bárbaros en toda Europa popularizó el uso de las **bragas,** que poco a poco fueron reduciéndose de tamaño hasta el punto de que en los siglos XII y XIII consistían en una especie de calzones que cubrían hasta la rodilla y sólo los pueblerinos y los siervos los usaban por comodidad hasta el tobillo.

Siglos después surgió en Venecia un personaje teatral ridículo que llevaba bragas y, como era vecino del barrio de San Pantaleón, se le llamó con este nombre en veneciano **Pantalón.**

Este personaje cómico vestía calzas largas o bragas de color rojo que le caracterizaron hasta el punto de que el nombre de su propietario se identificó con su atuendo y sus bragas se llamaron **pantalón,** y hasta sus bufonadas se llamaron *pantalonadas.*

**ENIGMA.** En primer lugar enigma es sustantivo masculino.

Por enigma entendemos algo... enigmático (pues claro) algo misterioso, oculto, enredoso, y hasta sobrenatural, pero no es para tanto...

La palabra viene del griego *ainos* palabra, *ainissesthai* es hablar oscuramente, *ainigma* es palabra oscura. En latín se dice también *aenigma*.

Por el origen de la palabra, enigma sería una sentencia oscura o una propuesta intrincada, artificiosa o difícil de atinar, casi como una adivinanza... Así se cuenta que *Edipo descifró el enigma de la Esfinge...*

Figurativamente se le llama enigma a algo difícil de comprender aunque no sea palabra o adivinanza sino un hecho, o algo misterioso como *los enigmas del universo, etc....*

# ¡¡¡TABLAS!!!

Cuando una partida no tiene vencedores, especialmente en ajedrez o damas, se dice que se hizo tablas. Quedaron tablas.

También se dice de los caballos en las carreras parejeras, "salieron tablas"...O *"Hicieron tablas la carrera"*

La explicación de la frase es compleja. Por empezar, debemos considerar la palabra latina **tabula**, que expresa la idea de pieza plana, no muy ancha, se usó en la Edad Media para llamar así a la mesa. Todavía en francés y en inglés se escribe *table* y es mesa.

En los tiempos de Cristóbal Colón, durante las travesías por mar, para llamar a los marineros a comer. El hombre gritaba: *¡Tabla, tabla, señor capitán y maestre y buena compaña [*compañía]!

Tabla era, pues, la mesa donde se comía y donde se reunían para dialogar y tratar asuntos. De allí provino el verbo ***"entablar"***.

Entablar una conversación o una discusión era en un principio llevar a alguien a una mesa para conversar o discutir.

Pero otro uso muy común de la tabla o mesa era la de realizar partidas de juego... y hay muchos, ***juegos de mesa***, entre ellos las damas y el ajedrez que cuando se EMPATA, se dice quedó en la mesa... ***¡Tablas!***

## ACADEMIA

Academia, Liceo y Ateneo son nombres que se le dan a casas de estudio, Colegios a veces especializados y por lo general para estudiantes de familias acomodadas, o muy bien recomendados. Fueron populares estos colegios en el siglo XIX y un poco en el XX.

*ACADEMIA.-* El sabio Platón, discípulo de Sócrates, enseñaba en una finca llamada jardines de *Akademos,* (nombre del dueño). Fue en este parque o en sus inmediaciones que Agatocles, llamado Platón daba sus clases y Estas reuniones fueron llamadas Escuela de *Akademos* o simplemente *Academia*

*LICEO.-* Había en Atenas un templo dedicado al dios Apolo bajo la advocación *Apolo Liceano,* nombre que significa vencedor de lobos, ya que *likos* significa lobo y es el vocablo del que deriva *likeios.* Liceo. En el jardín de ese templo enseñaba Aristóteles y de allí se llamó Liceos a colegios.

*ATENEO.-* Un templo a Minerva (Atenea) en Atenas era llamado Ateneo (Athēnaion), Allí se reunían literatos y oradores. El año 133 el emperador romano Adriano fundó con el nombre de Ateneo un instituto literario y científico para reunir a eruditos en las más variadas materias.

Ateneo de Naucratis, fue un escritor griego del siglo III, escritor enciclopédico, tal vez la fuente más preciosa para el conocimiento íntimo de la cultura griega.

# NEPOTISMO

**Nepotismo**. Hoy se entiende por nepotismo el abusar del poder para repartir cargos a parientes y amigos.

En la Antigua Roma se usaba el término **nepta** para definir "nieta" y también "sobrina", a la vez que **nepos** era el sobrino y, también, el nieto.

Si bien el español cambió a nepta y neptos por **nieta** y **nieto**, el inglés adoptó **nephew** para referirse al sobrino, mientras que el francés cambió *nepos* a **neveu** para sobrino.

¿De dónde salió nuestro vocablo "sobrino"? También del latín: la palabra **soror**, hermana, como en *sor Juana*, más la terminación **inus**, que denota pertenencia, como en miliciano, argentino o jacobino. Juntas **sor** e **inus** dieron "sobrino", que significa "de la hermana" hijos de la hermana... y los del hermano también se llamaron sobrinos.

El nepotismo surgió con los primeros papas y dignidades eclesiásticas que utilizaban su poder para colocar en importantes cargos a sus sobrinos legítimos o descendientes naturales que eran presentados como sobrinos.

Luego el nepotismo se trasladaría a las cortes y hoy sigue presente en algunos gobiernos.

El diccionario define **Nepote** como pariente y protegido del papa.

# *AJEDREZ*

El milenario y popular ¿juego? de ajedrez se remonta al Indostán (India, Pakistán y naciones vecinas), desde donde pasó a Persia (Irán), primero y a Arabia, después. El tablero de 64 casillas es el campo de batalla donde se enfrentan los dos ejércitos.

Siguiendo la costumbre de aquellos tiempos, las armas que empleaban los indostanos eran cuatro: infantería, que serían los peones; caballería, los caballos; elefantes, hoy los alfiles, y los carros de asedio, que serían las torres.

Estas cuatro armas sirvieron para darle nombre, pues le llamaron el juego **"de los cuatro cuerpos"**, *shatur-anga. de shatur:* 4; *anga*: alas.

En Persia se le llamó *chatrang*, un *shatur-anga* mal pronunciado, mientras que los árabes lo transformaron en *ash-shatranj* y lo exportaron a España, donde fue conocido como *axatraz,* palabra que fue distorsionándose hasta convertirse en *axedrez* y luego en ajedrez.

## *JAQUE MATE.-*

En persa *Shah* es rey. *Shah mat*, es "el rey es muerto" de allí vinieron *jaque* y *jaque mate.* En alemán jaque mate se dice *Schachmatt* y el ajedrez es *Schachs*. En inglés se dice *Checkmate* y el juego se llama *chess*.

## PAPARAZZI

Molesta por algo, la diva se retira de manera imprevista de una exclusiva fiesta en Roma. Algunos amigos le piden que vuelva, pero ella no quiere saber nada. Se va descalza. Un periodista toma los zapatos de la diva y corre a alcanzarla. Le ofrece llevarla en su carro convertible. Ella sube. Pero en el asiento de atrás se ha colado un fotógrafo listo con su cámara... lista.

La pareja lo obliga a bajarse y el auto se aleja veloz. El fotógrafo corre hasta una motoneta y le pide al conductor que los persiga... Todo esto y más pasó en una película llamada La *Dolce Vita,* escrita y dirigida por Federico Fellini, y que se estrenó en 1960.

La diva era la actriz Anita Ekberg, el periodista Marcello Mastronianni y el fotógrafo, Walter Santesso, sólo que en la película dicho fotógrafo se llamaba *Paparazzo*... un simple nombre que se le ocurrió a Fellini, sin saber que con el tiempo, ese nombre serviría para identificar al gremio de esos cazadores de primicias fotográficas de los famosos... y de los no tan famosos.

Ahora ya sabes: un *Paparazzo*, singular; dos *paparazzi,* plural... Aunque el diccionario también admite *paparazzis* para el plural de *"fotógrafos de prensa que se dedican a tomar fotos de personas famosas sin su consentimiento."*

# *PULMÓN.*

*PULMÓN.*- Del latín **pulmo, pulmonis**. En griego **pneumón**. De **pneumo**, yo respiro de **pneuma,** aire, viento, soplo...

A los pulmones se les llamaba también **Livianos,** por ser una extraña esponja, ligera, de poco peso. También se les llama **bofes**, de bufar, por el ruido que hace el aire cuando se comprimen, resoplar... bufar..

De pulmón salen palabras como pulmonar, pulmonaria, (yerba, especie de liquen). Pulmonía, y pulmoniaco.

Y de **Pneuma,** viento, aire, salen palabra (que ya perdieron la p inicial) como **Neumática**, parte de la física que trata del aire en general, de la gravitación y de la compresión de los fluidos elásticos. **Neumático**... se le llamaba a las llantas de los carros por estar llenas de aire.. **Neumática** es también la máquina que sirve para hacer el vació, extraer el aire de una campana de un recipiente... **neumatología** tratado del aire o de los espíritus, **Neumatosis** inflación, formación de flatos, de ventosidades...

**Echar los bofes** (equivale a echar los pulmones) es una expresión popular para definir esa situación en que por mucho ejercicio físico se dificulta el respirar... *"Vamos a medio camino y ya vas echando los bofes"*

## *PLAGIO*

Los periodistas a*garran* palabras del diccionario y las ponen de moda por un tiempo, aunque sea corto... se las "plagian" unos a los otros. Hace poco se usaba mucho en México la palabra **plagio** para describir un secuestro. Yo tenía mis dudas, pero parece que algo hay de eso en la palabra.. Veamos....

**PLAGIARIO.- *Plagiarius*.** Los romanos llamaban **plagiarii** a los que vendían un esclavo que no les pertenecía, o compraban un hombre libre, sabiendo que era tal, y le retenían en servidumbre contra su voluntad.

Se les dio ese nombre porque la *ley Flavia,* llamada también **lex plagiaria,** *damnabat plagis* o *ad plagas, (*pena de azotes) a los culpables de **plagio, plagium...**

Metafóricamente llaman los idiomas neolatinos **plagiario** al que hurta los conceptos, sentencias o escritos de otro, y los vende como si fueran suyos. Con todo, Marcial, Marco Valerio, escritor romano que vivió en el primer siglo de nuestra era, por lo menos una vez usó *plagiarius* para designar al que hurtaba escritos ajenos, significado que le damos hoy.

## FOLKLORE

*FOLKLORE, FOLCLOR, FOLCLORE.* Ésta es una de esas palabras que se escriben y se usan equivocadamente. La mayoría entendemos por folklore algo colorido, alegre, ligero y popular... Puede ser que todo eso incluya El folklore, pero en esencia el folklore es una cosa muy seria y científica, pues consiste en estudiar las diversas ramas de la sabiduría popular, sus tradiciones, sus costumbres, su lenguaje a través de los tiempos, los lugares y las formas de un determinado pueblo o país, cosa que sólo hacen los especialistas eruditos, los verdaderos folklóricos.

Fue en 1846 cuando Ambrosio Merton, (Seudónimo del historiador e investigador inglés William John Toms (1803-1885), acuñó la palabra. Escribía "...interés *que tiene usted por lo que en Inglaterra llamamos antigüedades populares o literatura popular (a pesar de que es más una tradición que una literatura y que podría ser cabalmente descrita por un buen vocablo compuesto sajón, folk-lore, saber popular)...*"

Desde entonces se usó la palabra, pero como estudio serio de tradiciones populares, principalmente las transmitidas oralmente.

La palabra inglesa se compone de **Folk,** gente, vulgo, y *lore* erudición...Folklore es, pues, el estudios de las tradiciones y costumbres que reflejan la cultura de un pueblo...

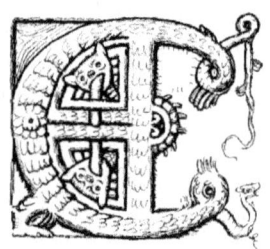

**ALMONEDA**.

La venta pública de muebles, ropa, etc. Que se hace con intervención de la justicia. También se le llama así a la venta particular y voluntaria de alhajas y trastos que se hace sin intervención judicial. Del árabe *al-monādā,* los árabes en España pronunciaban *al-monedā,* . Del verbo árabe *nadā*, que significa gritar. También significa sitio de las subastas...

## *NEGOCIO*

Esta palabra, que los diccionarios definen como quehacer, ocupación, operación comercial (que puede ser *"un buen negocio"* o *"mal negocio")* o bien un establecimiento comercial... *Negociante* es el que hace o tiene negocio...pues esta palabra tiene un curioso origen. Entre los antiguos romanos, el cultivo de las artes, pintura, poesía, música y literatura, por ejemplo, era propio de gente acomodada y dedicada al *ocio,* que no era cosa mala entonces. Con esta palabra se significaba toda actividad que no era trabajo manual, aunque en el caso de los pintores y escultores podría discutirse.

Los que no se dedicaban a estas actividades no gozaban del ocio, lo que en latín se expresaba con dos palabras: *nec,* que significa no, y *otium,* que significa ocio, de manera que toda actividad no artística, por decirlo así, era un *necotium,* es decir, un negocio.

Al pasar de los años, ha cambiado el significado de esta palabra. Ahora "no ocio", Negocio, significa mucho trabajo, no sólo manual sino también mental, si quieres vivir de tu negocio, ya sea como escultor o como fabricante de colchones.

Del antiguo *ocio* romano, puede ser que venga el *Dolce far niente* de los italianos ... que es un relajarse sin hacer nada estresante, porque no significa *"perder el tiempo"* sino ganar energía y creatividad para enriquecer el diario vivir.

## BADULAQUE.-

Se dice de alguien inconsistente, también puede aplicarse esta palabra a los necios, pero como hay necios consistentes, **badulaque** se aplica sólo a los necios inconsistentes.

## DELEZNABLE

Es un adjetivo Lo que se rompe o lo que se desliza y resbala con mucha facilidad.

Que puede ser despreciado o rechazado *"su conducta es vil y deleznable"* lo que se disgrega o deshace fácilmente. Que se desliza y resbala con mucha facilidad.

**Deleznar** es un verbo anticuado que significa precisamente **deslizar.** Deleznarse es deslizarse, resbalarse.

Del Latín **dabu, dilabi.....**

**ACÉMILA.** Mula o macho de carga. Así se llamaba también antiguamente a cierto impuesto o tributo que se pagaba por los animales de carga. Por lo general acémila era bestia o animal que se usaba para llevar carga. También se usaba la palabra para una mujer desgarbada, o una persona ruda y sin educación. // *Vete a por la acémila para ir a por leña.*

Del árabe **az-zāmila,** de la raíz **zamal,** llevar, conducir.

## ZONZO

Insulso, sin sazón y sabor por falta de sal. Metáfora el que es poco advertido, sin viveza o gracia en lo que hace o dice.

En el diccionario de la Academia 1726 aparece *Ave Zonza* *"Apodo con que notan al descuidado, simple, tardo, sin viveza en lo que ejecuta".*

Al igual que Soso, Zonzo derivó de ***Insulso, insulsa,*** del ablativo del adjetivo latino ***insulsus, isulsa, insulsum***, que significa falto de sal, desabrido.

***Insulsus*** está compuesto de la preposición privativa ***in,*** que vale por ***no***, y del adjetivo ***salsus, salsa, salsum*** que significa salado; y por consiguiente Soso y Zonzo, en que se suprime la preposición negativa ***in*** de la raíz, en rigor deberían significar salado.

Insulso fue también la raíz de la voz portuguesa ***Ensosso...*** desabrido

Es probable que los antiguos castellanos dijeran ***ensoso,*** como al presente dicen los portugueses.

***Zoncera...*** Comportamiento que refleja falta de inteligencia o seriedad o acciones indiscretas como... *"vente mujer vamos a hacer zonceras"*

## BATÁN.

Lugar donde se lavaba la ropa antiguamente en una especie de lavadora o máquina accionada por un molino de agua. La máquina estaba compuesta por unos mazos gruesos de madera que, subían y bajaban alternativamente, ablandando ya fueran las pieles y apretando los paños con los golpes que dan sobre ellos. Del verbo Batir, porque se golpean y baten los paños. *"Fui a lavar las sábanas al batán"*. *(En Guadalajara, jalisco, hay un lugar llamado El Batán"*

## AGUAMANIL.

Jarro de metal o barro, con el que echar el agua para lavarse las manos o pila de diferentes formas, que sirve comúnmente para lavarse las manos y para dar aguamanos. Del latín *aquaemanīle* de *aqua*, agua y *manus* mano.

# LEGUA

Medida de distancia, que varía según las naciones o provincias. La *legua* española, en conformidad de una real orden de 1801, consta de veinte mil pies. 5,572 metros.

Un autor, Florian de Ocampo dice en su **Crónica general de España:** *"Son estas leguas una cierta distancia llamada de tal nombre, que los españoles usan en sus caminos, poniendo por cada legua cuatro mil pasos tendidos, y por cada cual de estos pasos cinco pies de los comunes ni grandes ni muy pequeños: así qué cada legua tenga veinte mil pies de estos tales..."*

Sin embargo, había diferencias en las medidas y unas leguas eran un poco más cortas y otras un poco más largas.

*LEGUA* vino del latín *Leuca,* al parecer fueron usadas primero por los galos o celtas y constaba de mil quinientos pasos. En *Leuca* la c se antepuso a la u *Leuca.. lecua-lecua...legua...*

*Leuca* viene siendo el vocablo célta *Lew* latinizado, dicho vocablo se conserva entre los celto-bretones. De allí salió *leouue* de los anglosajones; los franceses dicen *lieue* y los ingleses *league*... y en español se dice *legua*...

## LEGUMBRE

Toda clase de grano o semilla comestible que se cría en vainas, y que por lo común se arranca y no se ciega. Eso sería en rigor el significado de legumbre, pero se ha hecho muy general comprender bajo el mismo nombre de legumbres a las hortalizas y verduras. La palabra vino de *legumine*, ablativo de *legumen, legumenis*, Según algunos lingüistas, *legumen* se derivaría del verbo *lego legis legere*, que significa coger con la mano, es decir, las legumbres se arrancan, no se cortan

### TASAJO

Tajada. Pedazo o trozo de carne. Se originó del latín *tessella*, con el mismo significado. De allí salió la voz portuguesa *tassalho..* y en español tasajo.

## ACERBO... ACERVO.

**ACERVO.-** (Con *V*) Montón de cosas menudas, como granos de trigo; legumbres, etc. La herencia antes de dividirla...Del latín *acervus,* montón. Conjunto de bienes materiales o valores morales y culturales de una comunidad así se dice: el *acervo familiar, acervo literario,* o el *acervo cultural...*

**ACERBO, ACERBA.-** (con *B*) Adjetivo, lo que es áspero al gusto y causa dentera. Metafóricamente se usa significando: Cruel, rigoroso, desapacible. Del griego *akē,* punta. Latín *ācer, acus,* agudo *acērbus,* áspero, cruel, terrible.

**ACRE.-** Áspero y picante al gusto y olfato. Fuerte al sabor como el jugo de algunas hierbas, raíces, frutas, etc. Áspero, desabrido. del latín *acer, acris.*

**ÁCIDO.-** Agrio. En química se le llama ácido a todo cuerpo compuesto, más o menos agrio, que tiene la propiedad de enrojecer los colores azules vegetales, y de saturar completa o incompletamente los álcalis y los óxidos de reacción alcalina.

***ALCALÍ.*** Sosa. Del árabe ***al-calī,*** "ceniza de la sosa" Es el nombre genérico que se aplica principalmente a la sosa, la potasa y el amoníaco. Alcalí fijo la potasa o la sosa. Alcalí volátil, el amoniaco.

***Alcalina,*** que tiene alcalí, esos que venden agua alcalina deben de saber esto... y los que la compran también.

***MACUACHE*** Indio bozal que no ha recibido ninguna instrucción, algo que llamaban salvaje, natural...

***MACUARRO*** se refiere a alguien cuyo comportamiento no encaja en la sociedad. Muy usado entre albañiles para designar al que es mal hecho... "Cómo es macuarrro, compadre, esa barda va toda chueca, se le va a caer".

Bozal.. Al negro recién sacado de su país, Al principiante en algo...

# DIFUNTO

Adjetivo. La persona muerta. Se usa también como sustantivo "el difunto" y a veces se usa como el cadáver. Del latín *defūnctus*, Forma verbal de *defingi,* pagar lo que se debe; compuesto del prefijo reiterativo *de* y de *fungi,* cumplir, desempeñarse, es decir, pagar el empeño, sacarse de estar empeñado. Cumplir, hacer aquello a que uno está obligado. La muerte, la deuda final.

En algunos viejos archivos se leía *"Fulano de tal, difunto"* y a veces *"Fulano de tal finado".* Al parecer, hacían una distinción entre morir por causas llamadas naturales, como enfermedades o accidentes, difunto y recibir la muerte de mano ajena, ser asesinado ser "finado"

**FINADO.-** De finar, dar fin. Un finado sería al que alguien le dio muerte, le dio fin.

**FIN.-** Del latín *finis*, que significa término, remate o consumación de alguna cosa.

**FALLECER.-** Verbo Anticuado, que significa Faltar o acabarse alguna cosa. Carecer o necesitar alguna cosa. Faltar, errar, Caer en alguna falta. Del latín *fallēre*.

Antes se usaba **FALLECIDO** como desfalle-cido, debilitado. Metafóricamente se le aplica al muerto.

**CADÁVER.**-El cuerpo muerto. Del latín *cadĕre,* caer. *Cadāver.* Cadavera se usaba anti-guamente como cadáver, y luego como calavera

**CALAVERA**.- La armazón de los huesos de la cabeza, despojada de toda la carne y pellejo que la cubría. Del latín *calvārĭa*, cráneo.

Según una etimología dudosa, Cadáver se forma con la primera sílaba de los vocablos que componen la frase latina *"Caro data vermis":* carne dada a los gusanos. Si la etimología no es cierta la realidad sí.

## ATARÁNTADO

La palabra **atarantado** aparece en el diccionario de la Real Academia Española, que la define como *"Picado de la tarántula"*, pero también... *"Inquieto y bullicioso, que no para ni sosiega"* y *"Aturdido o espantado"*.

En realidad, es una palabra antigua que ya aparece ya en los primeros diccionarios de la lengua.

En México es palabra viva para designar al que va atontado, al que conduce distraído, al desorientado. Hay una película mexicana de los años cuarenta, llamada **Ustedes los ricos** (Ismael Rodríguez, 1948), donde uno de los personajes era **el Atarantado**, un joven enamorado de la hija del protagonista que se distingue, precisamente, por ser una persona torpe, inquieta y bulliciosa a la que todo le sale mal.

La tarántula recibió su nombre de **Taranto**, una ciudad italiana, donde había la creencia de que a los **"atarantados"**, picados de tarántula, el veneno les causaba un temblor convulsivo, que se aliviaba tocándoles algún instrumento y haciéndolos bailar un ritmo frenético llamado *pizzica,* que les provocaba sudor y se curaban. Los rituales podían durar horas

Hoy ya casi no existe el *tarantismo*, pero se han conservado el tipo de baile y el género musical, un auténtico fenómeno popular, y se puede oír el tarareo de canciones como *«Pizzicarella mia»*.

## QUIMERA

Quimera.- Del griego **chimaira (kimaira),** de **chimaira** cabra, femenino de **chimairos,** carnero, en latín *chimaera,* en italiano *chimera,* en francés *chimere.*

Quimera es un animal fabuloso, un monstruo que fingía vomitar llamas y tener cabeza de león, vientre de cabra y cola de dragón.

También se le llama quimera a una pendencia, riña, contienda.

Quimera es también lo que se propone a la imaginación como posible o verdadero no siéndolo, o sea que es una idea falsa... *una quimera...*

# TALIBÁN

La palabra talibán es Pashto. *Tālibān*, significa "los estudiantes", es el plural de *Tālib*. Es un palabra tomada del Árabe *Tālib,* con la terminación plural persa *ān* (el plural de Tālib es Tullāb. Tālibān es una forma dual con el significado incongruente para los que hablan árabe, pues significa "dos estudiantes" en árabe). Desde que pasó a ser una palabra usada en inglés, Taliban, además de un sustantivo plural refiriéndose al grupo, también es utilizada como un Sustantivo singular, refiriéndose a una persona. Aunque ya Talibán es plural se usa la palabra *talibanes* cuando se refieren a más de un *talibán*.

La lengua *pashtún o Pashto* también conocido en la antigua literatura como Afghānī, es una lengua del este iraní, perteneciente a la familia indoeuropea.

*El Talibán* es un movimiento político fundamentalista islámico en Afganistán. Se regó en todo Afganistán y formaron un gobierno, que empezó a gobernar como el *Emirato Islámico de Afganistán* desde septiembre de 1996 hasta diciembre de 2001, con Kandahar como capital, pero sólo recibió el reconocimiento diplomático de Pakistán, Arabia Saudita y los Emiratos Árabes Unidos.

Su fin era restaurar la paz y seguridad y aplicar su propia versión austera de la Sharía o ley islámica, una vez en el poder.

## BATAHOLA

Bulla, o gran ruido. Del italiano **battagluolla**, que se pronuncia *bataluola* y es el diminutivo de **battaglia**, batalla.

Por no saber el significado de la palabra... Una muchacha entre la multitud de fanáticos que recibían al cantante de moda en el aeropuerto se las arregló para darle un beso. Cuando alguien le preguntó "¿Cómo le hiciste para darle un beso en plena batahola?". Contestó sonrojada. "¡Ay, no, cómo cree usted eso! ¡Se lo di en la mejilla, pero de pasadita!".

## *CHARLATÁN*

Adjetivo. Que habla mucho y sin sustancia o que es poco discreto. Se usa también como sustantivo. Se aplica especialmente a curanderos y vendedores ambulantes que hablan mucho anunciando lo que venden. Algo como Merolico. Del italiano *ciarlatano,* de *ciarlare,* charlar.

Otros le dan un origen grotesco a la palabra. Cuentan que en el París de inicio del siglo pasado existió un famoso dentista nombrado *Monsieur Latan* que paseaba por toda la ciudad con un coche delante del cual iba un hombre con un altavoz gritando en francés que se acercaba el doctor Latan con su carro y los parisinos al verlo tan estrafalario, decían: *Voilá, le char de Latan"* y he aquí el probable uso y origen de charlatán, o al menos una versión.

# ZÓCALO

Zócalo es una palabra usada en arquitectura. Es el cuerpo inferior de un edificio u otra obra, que sirve para elevar los basamentos a un mismo nivel y levantar la arquitectura.

Del italiano *zocolo*, del latín **soccŭlus,** diminutivo de **soccus,** zueco, zapato que usaban los cómicos para interpretar personajes de diferentes estaturas, de donde viene a la palabra el sentido de base o de pie, por cuya razón es sinónimo de pedestal.

De manera que Zócalo no significa Plaza, por más que la Plaza de la Constitución de la ciudad de México sea conocida como "El Zócalo". Se llama, o se llamó mucho tiempo Plaza de la Constitución, no por alguna Constitución mexicana, sino por la constitución de Cádiz de 1812.

Un día, el muchas veces presidente Santa Anna se le ocurrió poner allí un monumento a la Independencia, pero sólo puso la base en 1843, lo que es un verdadero zócalo. y desde entonces se cambió el nombre a *"el zócalo"*. El monumento no se hizo y el zócalo desapareció, pero el nombre se quedó.

# DANDY

Dandy suena a palabra pasada de moda, pero todavía se usa para alguien elegante, bien vestido, refinado y de buenos modales. Ahora se considera casi un elogio calificar a alguien de dandi, el diccionario de la Real Academia dice de Dandi: *«Hombre que se distingue por su extremada elegancia y buen tono»*, pero no siempre fue así. La edición de 1927 del mismo Diccionario, que es cuando entra la palabra al diccionario, decía: *«Anglicismo por petimetre»*. Y petimetre venía a ser alguien muy presumido, del francés *petit maître,* 'pequeño señor, señorito', definido como *«Persona que se preocupa mucho de su compostura y de seguir las modas»*, con un matiz un poco despectivo. Así que, al principio, un ***dandi*** era un petimetre. *"Hombre joven que se compone mucho y sigue rigurosamente la moda"*, un presumido también. *«Hombre presumido y afeminado, que no conoce más ocupación que la de acicalarse, perfumarse y andar vagando todo el día en busca de galanteos».*

El origen de la palabra Dandy es oscuro, pero todos los posibles orígenes dan a entender que viene de palabras significando a un hombre presumido, fatuo, pedante, vano... Aunque hoy se tome por elegante y distinguido.

# JINETEAR

**JINETE...**- Se le llamaba jinete al soldado de caballo que peleaba con lanza y adarga *(Escudo de piel ovalado)* y llevaba las piernas encogidas con estribos cortos.

Después se le llamó jinete al que montaba caballo. Del árabe berberisco *zenete,* nombre de una tribu de montaña que montaba muy bien a caballo.

**JINETEAR.**- Es domar caballos cerriles montándolos. También se llama en México *jinetear* a montar en un toro o en una yegua montaraz.

**JINETA.**- Se le llama a una lanza corta con el hierro dorado y una borla por guarnición, que en lo antiguos era insignia de capitán de infantería.

El arte de montar a caballo *"a la jineta"* se decía por una escuela que llevaba el mismo nombre.

Algunos dicen que la palabra *jineta* viene del alemán *knütel,* bastón en el sentido de lanza. O del alemán *geniessen*, del gótico *niutan,* usufructuar, en el sentido de tributo o de jinete en la acepción de caballo.

# SÍNTOMA

Síntoma.- Accidente, cambio, alteración que acompaña a una enfermedad, por el cual se puede formar juicio de su naturaleza o calidad. Del griego **symptōma,** de **syn** con y **piptein** caer. Lo que cae dentro de, o viene con otra cosa.

El síntoma es un aviso útil de que la salud puede estar amenazada sea por algo psíquico, físico, social o combinación de las mismas, pero aunque se usa también como **signo,** "hay síntomas de guerra"... en medicina la distinción es clara. Los síntomas son los elementos subjetivos, percibidos sólo por el paciente, como mareo, náusea, dolor, somnolencia, etc... Mientras que el **signo clínico** es un elemento clave que el médico puede percibir en un examen físico.

Tampoco se debe confundir **Síntoma** con **Síndrome**

**SÍNDROME** viene del griego **sin**, con, y **dromos** pista, curso. **Síndrome** en griego significa tumulto. Galeno la usó en medicina con el significado del conjunto de síntomas y signos que concurren en una enfermedad, de forma que la presencia de alguno de esos síntomas o signos suele ir asociada con otros. La causa u origen de cada uno puede ser diversa.

## *ADOBE*

La palabra adobe ha existido desde hace unos 4,000 años, con relativamente pocos cambios en la pronunciación o significado. La palabra se puede remontar a la palabra *dbt* de egipcio medio de alrededor de los años 2000 A.C. *"ladrillo de barro"*. Al evolucionar el lenguaje egipcio la palabra llegó al copto como *"tobe"*. Pasó al árabe como *al tob*, *tuba* o *Al-ṭŭb*, pero siempre significando *"ladrillo de barro"*. Del árabe pasó al español como *adobe*.

El inglés pidió prestada la palabra del español a principios del siglo XVIII y se usaba *adobe* para significar una casa o residencia, como *"Avila's Adobe"* en la Placita Olvera.

En inglés más moderno, el término *"adobe"* ha venido a incluir un estilo de arquitectura popular en los climas desérticos de Norteamérica, especialmente en Nuevo México.

Los adobes se hacen de tierra, paja trillada, u otras fibras denominadas *"liga,* y agua, Todo se mezclaba al ser pisada y pisoteada por el hombre hasta ofrecer una masa homogénea. Esta se vertía sobre unos moldes de madera de unas dimensiones aproximadas a las del ladrillo y se dejaba secar al sol retirando el molde. Una vez seco, se empleaba en la construcción de tapias y casas, tanto en pueblos como en ciudades.

## *MAQUILA*

Según la Real Academia *MAQUILA* es *"porción de grano, harina o aceite que corresponde al molinero por la molienda"* y, también se llama maquila a la medida empleada para calcular esa porción.

*Maquila* es palabra muy antigua. Procede del árabe *makila,* que significa *'cosa medida',* y con este sentido figura en el diccionario español desde 1734, pero la palabra es más vieja.

Hoy el diccionario de la Academia añade otro sentido, distinto, del término *maquila* que se encuentra en El Salvador, Honduras y México, donde quiere decir *"Producción de manufacturas textiles para su exportación".* En esos tres países, y en Guatemala, significa también *"Fábrica destinada a esta producción";* Esto de la las fábricas manufactureras, que es la acepción americana de *maquila.* De manera que la palabra maquila sigue viva con otro significado en el mundo industrial americano, se usa para referirse a un material que se entrega a una industria para que lo transforme. Y las plantas que hacen ese trabajo son *Maquiladoras.*

Pero volviendo al significado original, existe el verbo *maquilar* para *'cobrar la maquila'* y también otras palabras derivadas. Entre los rancheros, dejar un animal: puerco, toro o un caballo para la **maquila...** era dedicarlo a semental. *"Mi caballo 'carga' tus yegua pero me pagas con un potrillito..."*

.....o con dinero

## *CHESPIRITO*

El pequeño Shakespeare. La palabra sería **Shakespear-ito**, o sea Shakesperare junior, o Shakespare chico...

A Roberto Gómez Bolaños alguien le empezó a decir *el pequeño Shakespeare* y de allí al **Chespirito** no hubo más que un paso. Así nacen palabras....

## *TAÑER ... TEÑIR*

Sé que llegó un poco tarde porque para las fiestas patrias mexicanas muchos tiñeron campanas en lugar de tañerlas...

*TAÑER.-* Es un verbo activo que significa tocar, palpar... Se usa frecuentemente o se usaba para significar tocar acorde y armoniosamente algún instrumento, en particular los de cuerdas. *"tañer la guitarra...tañer las campanas".* También se usaba cuando se tocaba alguna materia o se hablaba de ella. Como verbo impersonal significaría Importar, tocar, pertenecer.

Del latín *tangĕre,* del antiguo *tagĕre,* tocar.

*TAÑIDO.-* Es el son particular que se toca en cualquier instrumento. El sonido de la cosa tocada, como el de la campana, de la guitarra, etc...

*TAÑIMIENTO.-*palabra anticuada que significaba sentido del tacto, sentido corporal...

*ATAÑER.-* Impersonal, tocar, pertenecer. Del latín *atanner,* de *ad,* cerca y *tangĕre,* tocar... No te atañe... no te toca, no Te importa, no te pertenece...

**TEÑIR.-** No tiene nada que ver con sonidos y tocamientos... *Es* Dar a una tela, paño u otra cosa cualquiera un color distinto del que tenía. Antiguamente se usaba el verbo teñir cuando se imbuía a una persona o grupo de alguna opinión, especie o afecto. En Pintura se llamaba teñir al rebajar algún color con otro más oscuro.

Del griego *Téggein*, mojar, del latín *tingĕre,* teñir....

# MOQUETE

Es, según la definición de la Real Academia Española, *"Puñada dada en el rostro, especialmente en las narices"*, definición que resulta rara porque... no ha cambiado desde la primera edición, la del Diccionario de Autoridades, es decir, desde 1734, cuando decía: *"Puñada dada en el rostro, especialmente en las narices, por lo cual se formó de la palabra Moco"*.

La palabra *"puñada"*, por más que la academia de la lengua la mantenga como *"Golpe con la mano cerrado"*, normalmente le decimos "puñetazo". Lo que está claro es que moquete se formó a partir de la palabra moco.

**Moco** viene del sánscrito **muc**, que significa, expeler soplando. En griego **muk-tēr,** significa nariz. En latín es **mucus** y es *"eso que corre por la nariz, de humor pituitoso, y porque de esto abundan los niños, los solemos llamar mocosos"*. *(Covarrubias)* Un fragmento de *Charamuscas,* una obra de Fernández y Medina, escritor uruguayo de fines del XIX dice: *"Estás buscando que te limpie las narices de un **moquete**. Está bueno con las mocosas. En cuanto salen de la cáscara ya quieren gobernarse. Que te vea no más con ese zaparrastroso y verás..."*.

Ya no se usa la palabra *moquete,* pero hace años con la amenaza de un moquete nuestros mayores nos mantenían a raya. Hasta se usaba en aumentativo "Moquetón" y "moquetada"

## CACHAZA

Flema. Lentitud y sosiego en el modo de obrar. Del latín *custātǐo,* tardanza, lentitud. Tener concha. *Tener más conchas que un galápago...* frase metafórica y familiar con que se da a entender que una persona es muy reservada, disimulada y astuta... Del sánscrito *çakh,* pasar de parte a parte. *Çañkas* trompa, concha. En griego *Kógchē,* latín *concha.* Similar a cachaza y concha se usa Cuerudo, cuerón, cueronada

## DE ORIGEN ÁRABE

(Algunas palabras)

Al español pasaron muchas palabras de origen árabe, pero también algunas llegaron al inglés, He aquí unas pocas:

**CHEQUE.**- Viene de la palabra árabe *saqq,* y refleja la sofistificación de las finanzas en el mundo árabe de la Edad Media.

**CIPHER.**- (CIFRA) Del árabe *sefr,* que significa cero, nada.

**COTTON.**- (ALGODÓN) Se deriva del árabe *qutn* en español se le añade *al* que equivale al artículo el, *al-qutn*

**MAGAZINE.**- Es una palabra del árabe Al-*majzen,* del verbo reunir, granero, depósito, conservar... lugar de almacenamiento

**NADIR.**- Del árabe *nazir, q*ue significa "opuesto, contrapuesto, paralelo"

**TAMARIND.** (TAMARINDO) del árabe tamr *hindi,* que literalmente significa dátil Hindú

**SAFARI** de la palabra árabe *safar,* que también es el segundo mes del calendario musulmán, vine de *xáfara,* marcharse, viaje

**TARIFF.-** *(*TARIFA) de la palabra *ta'rif,* que significa notificación o definición. Tabla de los precios de varias especies o de los derechos que se deben pagar a proporción de ellos. *Ta'rif,* infinitivo del verbo *'arrafa,* publicar, dar a conocer.

# ÁLGEBRA

Asia Central fue por siglos el centro de altos estudios. La ciudad de Khiva, situada en la ruta de la seda, en Uzbekistán, era uno de los centros importantes.

Allí hay una estatua de *Abū 'Abdallāh Muammad ibn Mūsā Al-Khwārizm,* un sabio persa nacido alrededor del año 780, considerado el *"abuelo"* de la ciencia de la computación y se le da crédito de haber hecho popular el uso del punto decimal. (Que hoy quieren hacer *coma decimal*). Fue tan influyente este matemático que la palabra **algoritmo** viene de su apellido *Al-Khwārizm*, y la palabra **álgebra** se originó de uno de sus tratados de matemáticas llamado ***Hisab al-Jabr w'al-muqabala.***

También lo escriben **al-chebra,** significa reducción; **'ilm al-chebr wa'l-moqabala,** *"La ciencia de las reducciones y comparaciones"*, eso es el álgebra... aunque nosotros la definíamos como *"la ciencia que quita la paciencia y las ganas de estudiar..."* allá cuando estudiábamos... la *"álgebra de Baldor"*

**Aurelio Baldor** (1906-1978) fue un matemático cubano que salió de Cuba al triunfar la revolución, vivió en México y luego enseñó en Estados Unidos. Murió en Miami, Florida.

## JOVIAL

Alegre, festivo, apacible. Perteneciente a Júpiter, Jove. En latín, *jovialis* se refería a lo que pertenecía a Júpiter, cuyo genitivo irregular es *Jovis.*

Júpiter era el dios de los dioses, dios de la luz, del cielo sereno y del rayo, el dios que mantiene el orden y la justicia del mundo, pero es también un dios...digamos... inquieto, para no ser irreverentes, que tuvo relaciones sexuales con ocho diosas y quince humanas; una cantidad respetable para un ser con tantas y graves responsabilidades.

Para sus conquistas humanas, Júpiter usaba disfraces distintos y pintorescos; así, por ejemplo, cautivó a *Europa* convertido en un Toro; a *Leda*, convertido en Cisne; a *Atanae* convertido en lluvia de oro, etc. Ya desde aquellos tiempos se daba a estas metamorfosis una interpelación alegórica, y así la lluvia de oro de Danae representaba el poder del dinero.

De todo ello se deduce que Júpiter no debía de ser aburrido y huraño, sino todo lo contrario, alegre, divertido, de buen humor, y de ese aspecto del dios derivó la palabra *JOVIAL.*

# CANÍCULA

Con el nombre de **canícula** se conoce, la temporada más calurosa del año.

La palabra viene del latín **can, canis,** "perro", y hace referencia a la estrella de Sirio que es la más brillante del cielo nocturno durante ciertos días de verano en el hemisferio norte y que forma parte de la constelación de **Canis maior**, Can Mayor, por lo que a Sirio también le llaman *"canícula"*. Del latín **canīcǐla**, perrilla, diminutivo de **can canis,** perro, aunque nuestros antepasados la apodaron a Sirio *"la Abrasadora"*. Y es que durante ese tiempo que se llama canícula la estrella *canícula* o Sirio, aparece cuando sale el sol y con él se mete, razón por la que nuestros antepasados creían el calor aumentaba en esos días porque la popular estrella sumaba su calor al procedente del Sol, lo que daba lugar al período más cálido y menos lluvioso del verano... temporada de los *"rigores caniculares"*, que duraban aproximadamente del 15 de julio al 15 de agosto. Hoy los días más calurosos no coinciden con el ese tiempo en que el Sol y Sirio andan juntos, aunque el término *"canícula"* se sigue utilizando.

## *RACHA*

*"Me llegó una buena racha"* Digo cuando en un momento encuentro tres palabras interesantes para esta sección... *"andas enrachado..."* le digo a mi sobrino cuando gana en dos boletos de *"ráscale"* de la lotería (después de comprar 30). *"Me llegó una mala racha"* digo cuando no se me ocurre nada bueno para escribir... De esta y de otras maneras usamos la palabra racha, pero en realidad...

*RACHA.-* Es el Movimiento violento del aire que golpea repentinamente y dura apoco. La palabra RACHA viene de...

*RÁFAGA.-* Movimiento violento del aire que hiere violento y dura poco. Le decimos ráfaga a una serie de tiros en sucesión rápida de un arma de fuego automática. *"Se oyó una ráfaga de ametralladora".* También le decimos ráfaga a una nubecilla que aparece de poco cuerpo o densidad. Una ráfaga de luz sería un golpe de luz vivo e instantáneo. La palabra ráfaga viene del latín **reflāre,** soplar. A la ráfaga también le decimos...

**BORRASCA**. Tempestad, tormenta del mar, pero metafóricamente también le decimos *borrasca* al temporal fuerte o tempestad que se levanta en tierra. A los riesgos, peligros o contradicciones de la vida, metafóricamente les llamamos "borrascas".

La palabra viene de

**BÓREAS.-** En griego *Boréas*, en latín *Bŏreas.* Así se le llama al viento frío y seco del norte. En la Mitología griega Bóreas, hijo de Astreo y de Heribea, era el dios del frío viento del Norte que traía el invierno... En Roma a Bóreas se le llamó *Aquilón,* que significa lo mismo: viento frío y seco del norte.

# CANDIDATO

**Candidato.-** El que pretende alguna dignidad o puesto honorífico. Así se llamaban a los pretendientes de los oficios de la República romana porque se representaban vestidos con una toga blanca para demostrar la pureza de sus intenciones y así se paseaban por los mercados y por el Foro solicitando los votos de los ciudadanos. Sobre todo ante el pueblo congregado para la elección.

Del latín **candidātus,** blanqueado, proveniente de **candĭdus,** blanco, puro... Las cosas no han cambiado mucho. Hoy también los candidatos actuales, aunque no van vestidos de blanco, van a los mercados y a otros lugares concurridos estrechando manos y besando niños, simulando pureza de intenciones y ser "blancas palomas". Después de elegidos, aparece el verdadero ser. Y adiós a los mercados y a las plazas, adiós a los niños y a los vendedores y, lo que es peor, adiós a las promesas que hicieron.

Lo curioso es que de la misma raíz latina viene **Cándido,** significa blanco, sencillo, sin malicia, sin doblez. Pero también se usa para indicar una persona Simple, distraída, tonta...como los que se dejan engañar por candidatos mentirosos. De igual manera **Candidez...** es blancura, sencillez, tirando a... ...

# MÚSTANG

**MUSTANG O MUSTANGO.** Caballo que vive en estado de semilibertad en las pampas de América del Sur y en las praderas del norte.

Mustang es la versión inglesa de **Mesteño.** Mesteños eran los caballos que se separaban en **la Mesta,** que era una junta anual de ganaderos para separar los caballos y el ganado en general del propio y de los salvajes, Mostrencos o cimarrones que se hubieran metido en sus corrales y potreros. Una manada de **mesteños - mustangs** puede doblar su tamaño cada cinco años, por eso en las praderas de Norteamérica llegaron a haber millones, como ya para 1960 quedaban unos 320,000, en 1971 el Congreso aprobó una ley que declaraba al mustango especie protegida.

Esa junta se llamaba **EL HONRADO CONCEJO DE LA MESTA**. Hoy sería la asociación de ganaderos Mesta viene, significa mixta,

**MOSTRENCO.-** Se dice de los bienes que no tienen propietario aparente y pertenecen al estado. Familiarmente se dice de los que no tienen ni casa ni hogar, ni dueño ni amo. Caballo mostrenco. ...Una persona ruda, poco inteligente... una persona gorda y pesada...

**CIMARRÓN**.-Palabra indígena, se aplicaba a los esclavos que se fugaban de la casa de sus amos y también a los hombres y animales indómitos y montaraces, y a las plantas silvestres.

## ESCARAMUSA

Del antiguo alto alemán. **Skerman,** combatir. Género de pelea entre los jinetes o soldados de a caballo, que van picando de rodeo, acometiendo a veces y a veces huyendo con grande ligereza.

Refriega de poca importancia sostenida especialmente por avanzadas de un ejército. Figurativamente se le dice a una riña, pendencia. Disputa o contienda...

Se conoce como *Escaramuza Charra* a la práctica femenil dentro del deporte de la Charrería y consiste en evoluciones coreografiadas a caballo con música de fondo.

# MANDILÓN

**MANDILÓN.-** Masculino familiar, aumentativo de mandil, un mandil grande, pero la palabra *"mandilón"* se usa más para designar al hombre de poco espíritu y cobarde... y aún se usa más para designar a los hombres que dejan que sus esposas los manden y "lleven los pantalones" en la casa, es decir, sean las que tomen las decisiones de importancia.

**MANDIL.-** Se llamaba al delantal tosco que usan algunos hombres y mujeres par hacer sus oficios con aseo y limpieza, por ejemplo el mandil de los herreros.

Unos dicen que la palabra es de origen árabe *mandil*, tal cual. Otros hacen venir la palabra del latín. *Mantīle,* palabra que Virgilio usa con el significado de Toalla. De *mănus*, mano y *tēla,* tela, *"tela para las manos"*.

También se usaban las palabras *Mantēlĭum* y *mantēllum,* servilleta... *Mantēlum*, mantel, *mantēle* toalla...

**DELANTAL.-** Pedazo de tela que usan las mujeres para cubrir la parte delantera de la falda, atándolo por la cintura. Se usa para cubrir la falda mientras se hace algún trabajo o simple adorno.

## *ESCAPARATE*

El escaparate. Es una especie de alacena o armario, con puertas de vidrio o cristal, y repisas para poner dentro imágenes, loza fina, adornos delicados, etc. También se le dice escaparate a los muestrarios cerrados con cristales en las fachadas de las tiendas donde se exponen mercancías como medio de publicidad para la venta.

En el antiguo neerlandés la palabra *schaprade* tiene el significado de armario, especialmente el de cocina, y así lo usa Cervantes en 1616, según se lee en el Diccionario de Corominas. Del neerlandés antiguo, *schaprade*, pronunciado *sjáprade.* Era usada la palabra para armarios de cocina especialmente. Así la palabra se compone de *schapp,* estante, armario y una forma de un dialecto regional correspondiente al neerlandés *reeden*, preparar.

Hoy en día son famosos los escaparates en la zona roja de Amsterdan, donde se exhiben como mercancía las prostitutas a la vista de los mirones y posibles clientes. El escaparate estará más o menos iluminado según los atractivos de la "sexoservidora", como las quieren llamar profesionalmente...

Cuando están ocupadas con algún cliente, corren la cortina del escaparate, que vuelven a descorrer cuando otra vez se hallan disponibles.

## *ESTENTÓREO*

Hay quienes confundan ostentoso con estentóreo. Ostentoso se deriva del verbo ostentar, presumir, aunque se pueda decir que era ostentoso el guerrero griego llamado Estentor, de quien deriva la palabra ***estentóreo***.

Homero narra en su Ilíada que Menelao, rey de Esparta, reunió un ejército para vengar su honor ofendido por el rapto que Paris había hecho de su esposa Helena y se fueron a sitiar a Troya.

En aquellos tiempos las tropas se lanzaban unas contra otras en medio de una estrepitosa gritería. Así lo hacían los troyanos, en cambio, los griegos combatían en silencio, pero, entre ellos, había uno, **Estentor,** que, además de ser valiente y ardoroso en la lucha, poseía un vozarrón que Homero califica de bronce y del que dice que se oía tanto como el clamor de cincuenta hombres gritando juntos.

En el canto V de la Ilíada, Homero dice: *"Juno, la diosa de los níveos brazos, tomando el aspecto y la sonora voz del magnánimo Estentor, exclamó...etc."*

El vozarrón de Estentor fue la causa de su muerte, pues, rivalizando con Mercurio, dios de la oratoria, cubría con su voz las palabras del dios, el cual, irritado, simplemente lo mató de forma cruel haciendo que reventara como un sapo.

En homenaje a Estentor, en los tiempos de Alejandro Magno fue bautizado como *"tubo estentorofónico"* un invento que consistía en una trompeta unida a un cuerno amplificador, el gran abuelo de los actuales amplificadores de sonido. (foto de arriba).

Estentóreo es palabra ya poco usada, pero la encontrarás en escritos y su historia es interesante.

## HERRAMIENTA

Cualquier instrumento de hierro o acero que sirven para el ejercicio de artes u oficios.

Del latín **ferramentum.** En plural sería **ferramenta...** herramienta de **ferrum** fierro.

## *DESASTRE*

La partícula *des* significa, en muchos casos, contrario, oposición; así, por ejemplo, *desorden* es lo contrario de orden, *desconcierto* lo contrario de concierto, *desarme, sin armas; desmadre ... ha de ser sin madre... ni abuela* ...digamos, porque un desmadre equivale a un desastre...

La palabra «desastre» está compuesta por *des* y *astre,* Un desastre significa lo contrario a los astros o los astros contrarios... Algo en que los astros no fueron favorables.

La astrología tuvo una gran importancia en los pueblos antiguos. Muchos eran los que no hacían anda sin antes consultar al astrólogo. Por lo general, al principio, era la clase sacerdotal la que se dedicaba al estudio de los astros y a sus aplicaciones astronómicas, y ello tanto en Asiria o Babilonia como en Egipto. Como es natural, la astrología se relacionaba con todas las ciencias humanas, especialmente la medicina...

Nos sorprenden las supersticiones de la edad media al respecto, pero no hace tanto que hubo un presidente que creía en la astrología... eso decían de Reagan... y semana a semana la gente lee los horóscopos con interés.

Desastre, pues, es algo que ocurre sin el beneplácito de los astros, casi como un castigo, por no consultarlos o por no hacerles caso.

## *LINCHAR*

Por linchar entendemos tomar la justicia por mano propia y ejecutar el castigo sin proceso legal.

El nombre viene de Charles Lynch, respetable y próspero plantador, nacido en 1736, hijo de un emigrado irlandés instalado en el estado de Virginia. En 1766, cuando cumplía exactamente treinta años, fue elegido juez de paz del condado de Bedford.

Cooperó con medios económicos y humanos de que disponía para luchar contra Inglaterra. Cuando se logró la independencia había pocas leyes y mucha turbulencia social. Viendo que algunos delitos quedaban sin castigo, el juez Charles Linch se dedicó a instaurar un tribunal que juzgaba sumariamente y sin sujetarse a ningún procedimiento a aquellos delincuentes o presuntos delincuentes que caían en sus manos, siendo mayoría los condenados a muerte. Así, por ejemplo, en 1780 condenó a muerte a dos individuos sospechosos de ser partidarios de los ingleses y que fueron ahorcados de inmediato.

La ley de Lynch, como se la llamó, se extendió por todo el país y el verbo *linchar* se hizo tristemente célebre, siendo empleado el procedimiento muchas veces por asociaciones racistas

como el Ku Klux Klan, que persiguió salvaje-
mente a los negros en los estados del sur.

## *DOGMA*

Masculino. La proposición que se asienta
firme y cierta, y como principio innegable en alguna ciencia; más comúnmente se entiende por
***dogma*** la verdad revelada por Dios, declarada y
propuesta por la Iglesia para nuestra creencia, y
aún suele llamarse así a los fundamentos o puntos capitales de todo sistema, ciencia, doctrina y
religión.

Del Griego ***dógma,*** pensamiento, sentencia,
doctrina, opinión; de ***dokeīn***, enseñar. En latín es
***dogma***, principio, máxima.

No dice nada de "verdad".. ni de "obligación
a creer", ni de fe....

# METÁSTASIS

La metástasis, del griego *metastatis* – mudarse de lugar o transferencia, es el proceso de propagación de un foco canceroso a un órgano distinto de aquel en que se inició. Ocurre generalmente por vía sanguínea o linfática.

Aproximadamente el 98% de las muertes por cánceres no detectados, se deben a la metastatización de éstos.

En realidad, aunque es la más conocida, la metástasis no se limita solo a la propagación de células cancerosas, sino que se habla de metástasis cuando un émbolo desarrolla nuevamente el mismo proceso de origen (cáncer, infecciones, etc.) en el lugar donde se produce la embolia.

Cambio de sitio de una enfermedad, o cambio de su forma y carácter primitivos.

Del griego *metástasis* de *metá,* más allá y *stásis*, situación, colocación, lugar en que se está colocado. Por lo tanto cuando se habla de que se le regó el cáncer es que ha sufrido una metástasis... Es más fácil decir "se le regó el cáncer", pero por un diagnóstico simple no se puede cobrar muchos.. y en su lugar se dice "sufrió una *metastatización,* ...bueno, por lo menos ya sabes lo que es *metástasis* y evita que te lo digan... porque suena como mala palabra.

## PETRÓLEO

El petróleo del griego: πετρέλαιον, petrelaion «aceite de roca» Conocido desde la más remota Antigüedad. Es mencionado en la Biblia. Los egipcios lo usaban para la conservación y momificación de los cadáveres y también como fines medicinales, si el petróleo conservaba la carne muerta también podría servir para la conservación y cura de la carne viva.

En Nínive y en Babilonia se empleó el asfalto en lugar de cemento en la construcción de sus monumentales edificios, y los árabes lo empleaban también en sus recetas médicas.

En Babilonia los pobres lo usaban como combustible en lugar de aceite. Lo mencionan autores de la Antigüedad como Herodoto y Estrabón.

En Persia los sacerdotes adoradores del fuego sagrado recogían petróleo en botellas y lo enviaban a las más lejanas provincias del imperio; como el fuego duraba muchos días, el pueblo veía en ello un signo sagrado.

Parece ser que la primera mención de la palabra *"petróleo"* se produce en Francia en el siglo XIII. En un documento se habla de un aceite que surge entre las piedras: La palabra está compuesta por dos voces latinas: *petra*, que significa piedra, y *oleum*, que significa aceite. La palabra hoy es usada internacionalmente con las pequeñas variantes que se pueden producir según el genio de cada lengua: petróleo en castellano, petrolio en italiano, petrole en francés, etc.

## *PIROMANCIA*

*Piromancia.-* Antiguo arte de adivinación supersticiosa por medio del fuego o sus llamas... Del griego *piromanteia* de *pyrós* fuego y *manteia* adivinación.

De *pyrós* se derivan muchas palabras como *piromanía, pirotecnia,* etc...

# CORBATA

Por allá por el siglo XIX, muchas naciones grandes y guerreras, como Francia, tenían que contratar soldados a sueldo de donde pudieran para completar sus ejércitos y aumentar su potencia. Así fue como los suizos fueron a servir al Vaticano y persas y zuavos fueron a pelear por Francia y hasta a México trajo soldados zuavos el ejército francés. Y con la llegada de extranjeros llegaban modas a París... Los persas metieron los tacones altos que usaban para mantener las botas en el estribo y se hizo moda de hombres... después fue y es moda de mujeres.

Pero fueron los soldados de Croacia, Durante el reinado de Luis XIII y su sucesor Luis XIV, que formaron varios regimientos en Francia, los que metieron la moda de las corbatas, porque llamó la atención una especie de pequeña bufanda que llevaban en el cuello que se llamó inicialmente croata y que luego, al formarse un regimiento de esos soldados y se llamó Royal Cravate, a la prenda esa que cuelga del cuello se le llamó *Cravate,* que es un desfigurado "croata"

A finales del siglo XVIII, y principio del XIX Lo que era un lienzo que daba varias veces la vuelta al cuello pasó a ser una tirita de varios colores, anudada de diferentes modos...Hoy sigue siendo muy popular y el nudo no es problema sino escoger el color.

## *ERISIPELA*

Enfermedad que consiste en la inflamación de la sangre. Se descubre por el color encendido y por algunos granos en el cutis.

Del griego **erisipelas,** de **erysos** por **erythos** rojo y **pelas, pelo**s, piel. En italiano se dice *risipilo* en frances *erysipele* en inglés *erysipelas.*

# ARTES PLÁSTICAS.

El arte, del latín **ars, artis**, semejante al griego τέχνη **téchnē,** es entendido como cualquier actividad o producto realizado por el ser humano con una finalidad estética y también comunicativa, mediante la cual se expresan ideas, emociones o, en general, una visión del mundo, mediante diversos recursos, como los plásticos, lingüísticos, sonoros o mixtos

**Artes plásticas** se llama a la rama del arte que agrupa aquellas formas de arte que utilizan materiales capaces de ser modificados o moldeados (el significado de **Plastikós** en griego, moldeable) por el artista para crear una obra. Incluidas dentro de las Bellas Artes.

El término **artes plásticas** apareció a principios del siglo XIX para referirse a la pintura, escultura, arquitectura, *(artes plásticas mayores)* y dibujo, grabado, cerámica, orfebrería, artesanía y pintura mural, etc *(artes plásticas menores)* para diferenciarlas de otras ramas de las bellas artes como la literatura o la danza.

Las **Bellas Artes** eran seis: arquitectura, escultura, pintura, música, declamación y danza. La declamación incluye la poesía, y con la música se incluye el teatro. Esa es la razón por la que al cine se le llama *el séptimo arte.*

## *ENIGMA*

En primer lugar enigma es sustantivo masculino (La enigma es peor). Por enigma entendemos algo... algo misterioso, oculto, enredoso, y hasta sobrenatural.

La palabra viene del griego **ainos,** que significa palabra, **ainissesthai** es hablar oscuramente, **ainigma** significa palabra oscura... En latín es **aenigma.** En griego es **ainigma,** oscuridad, formado de **ainissó**...

Por lo tanto enigma sería una sentencia oscura o una propuesta intrincada, artificiosa o difícil de atinar, casi como una adivinanza...como la que le puso la Esfinge a Edipo...

## PECUNIA

Los etimologistas están de acuerdo en que el término **pecunia,** *'dinero',* es un vocablo estrechamente emparentado con **pecu** ('ganado', y en particular con 'ganado menor'), **pecus -oris** ('ganado, rebaño, manada') y **pecus -udi**s ('res, cabeza de ganado, carnero, oveja'). El etimologista Varrón afirma que **"pecuniosus** (adinerado) proviene de **pecunia magna** (dinero abundante)", y que **pecunia** (dinero) deriva de **pecus** (ganado), y que el origen de estos vocablos se remonta a los pastores. Un historiador romano, Plinio el Viejo, dice que: *"...pecunia se dice así por derivar de pecus -oris...".* Y Cicerón dice que inicialmente se aplicó este nombre a los que poseían abundante **pecunia**, es decir, **pecora** (ganado). Así los denominaban los antiguos; pero poco a poco, y por ampliación abusiva de su sentido, se aplicó este nombre a otros bienes y riqueza ya Vespasiano dijo cuando le llevaron el dinero de los impuestos que había puesto a los retretes públicos y que alguien le dijo que ese dinero apestaba... *"Pecunia non olet"..* *Dijo Vespasiano, y ya ser refería a monedas al decir pecunia.. "el dinero no huele" y ya se refería a monedas..."*

**PECULIO.-** La hacienda o caudal que el padre o señor permitía al hijo o al siervo para su uso y comercio. También significa el dinero que cada uno tiene como propio. Hacienda o caudal de poca importancia.

## MALACATE

Del nahuatl *malaca'(tl)* malacate, huso. *Ajcamalacatl,* torbellino, tromba, remolino de aire.

El malacate es un cabrestante, que es movido por un animal o humano: *"el malacate sirve para sacar agua"*. Es una máquina que consiste en un torno grande colocado verticalmente.

De la parte inferior del eje salen las palancas a que se aplican las caballerías para el tiro: y en la superior hay un tambor donde se enrolla la cuerda gruesa o el cable para la extracción de agua, mineral, escombro, etc.. Se usan mucho en minería.

# *FAMILIA*

FAMILIA.- También se dijo *famulia* y *famelia*. Del antiguo latín o del osco, *famel*, que significa siervo, esclavo, (fámula).

En un principio se le llamaba familia al número de siervos, fámulos o criados, que tenía cada amo; Después se extendió a significar el conjunto de la mujer, hijos y demás gente que vive en una casa debajo del mando del señor de ella, o que está bajo su potestad. La gente toda que sirve o está a las órdenes del señor de la casa.

Se le llama familia también a la rama de una casa o linaje; parentela, etc.

De familia se derivan familiar, familiaridad, familiarizar, fámula, etc.

En historia natural se llama familia a la colección de animales y plantas que tienen entre sí relaciones naturales en sus órganos principales, por ejemplo, la familia de las plantas crucíferas comprende todas las plantas que tienen corola en forma de cruz...

Se habla de familia real. Cargarse de familia, tener muchos hijos.

*No te familiarices tanto con esos tipos pueden llevarte por mal camino. Mejor familiarízate con los filósofos.*

## *ACICALAR*

Limpiar con esmero, bruñir. Como metáfora significaría pulir adornar, aderezar con afectación el rostro el peinado etc. Se usa también como recíproco; acicalarse. Viene de árabe. Aunque el verbo *çacala*, significa en árabe pulir, según algunos lingüistas puede ser más exacto derivar acicalarse de del sustantivo *aç-cical* que es un sinónimo de pulimiento. Pero hay quienes no creen que venga ni del verbo *çacala* , ni de ac-cical, sino del verbo *çaicala*, formado de c*aiqal,* pulidor de espadas.

Y otros, incluyendo a la Academia de la lengua, dicen que viene de *aciquel*, pulimento, y se inclina por a*ç-cical,* como origen de acicalar

### *PULIR*
Pulimentar, componer, alisar o perfeccionar alguna cosa dándole la última mano para su mayor primor y adorno. Adornar, aderezar, componer. Se usa también como recíproco, "Pulirse" significando dejar la rusticidad, la rudeza e irse instruyendo en el trato civil y cortesano.

Del griego *polis,* ciudad, latín es *polīre*, lustrar, poner claro y reluciente, bruñir, alisar, unir, componer, cultivar, castigar el estilo, acabar. Según eso pulirse sería quitarse lo ranchero, en el sentido peyorativo de la palabra.

*Te puliste* decimos cuando alguien se luce en algo, cuando hizo lo mejor que pudo, o hizo algo mejor que antes lo había hecho... *"esta vez te puliste"*

## FETICHE

Del portugués *feitiço,* hechizo cada uno de los ídolos u objetos del culto supersticioso en ciertos pueblos primitivos. Por extensión se llama fetiches a objetos, mascotas o talismanes que se cree que traen buena suerte

*Fetichismo.-* Culto de los fetiches. Idolatría, veneración excesiva y superstición por una persona o coas. Atracción mórbida por ciertos objetos a los cuales el enfermo atribuye un sentido sexual.

# CALUMNIAR

Verbo activo que significa acusar falsa y maliciosamente a alguien, imputándole un delito que no ha cometido. Se usa también como recíproco.

Del latín **calumniāri,** que es una contracción de **calvumĭnāri,** forma intensiva del deponente **calvi,** engañar, que es el griego **kalúō,** síncopa a su vez de **kalyptō,** yo oculto. De manera que calumniar encierra engaño y ocultamiento.

**CALUMNIA.**- Sustantivo del verbo calumniar, es la acusación falsa hecha maliciosamente para causar daño.

En latín es **calumnĭa.**

**AFIANZAR DE CALUMNIA** era una frase en las cortes cuando se obligaba al acusador, a probar la acusación, bajo pena de ley.

**CHISME.**- Murmuración o cuento con que alguno intenta meter cizaña entre las personas, refiriendo lo que debería callar con la intención de *poner en mal,* de dividir.

Del latín **schīsma,** cisma.

**CISMA**.- División o separación entre los individuos de algún cuerpo o comunidad. Discordia, desavenencia.

Del griego **schisma**, rotura, división.

Del verbo **schisein**, que significa hender, partir.

## BELLACO

Adjetivo. Malo pícaro, ruin. Se aplica a las personas y a las cosas. Astuto sagaz. Del griego **oikos,** tema, simétrico, de **oikas** casa, del latín **vicus,** quinta, granja aldea, del latín villa, bajo latín, **villanus, víllicus, villico**... Otros dicen que viene del latín bajo **bellax**, pendenciero; o de **pellax** engañador, pérfido

## BRAGADO.

Se dice de los animales que tienen la entrepierna de diferente color que el resto del cuerpo. Persona de resolución enérgica y firme. También adjetiva a los hombres de intenciones decididas y perversas

# CÁPSULA

**CÁPSULA.** Se le llama al pericardio cóncavo de las plantas que se abre de manera determinada, o al pericardio seco que encierra uno o más granos, ábrase como se abra....

Cápsula es también la envoltura insípida y soluble de ciertos medicamentos desagradables al paladar. De manera que la cápsula es la cubierta no el contenido, aunque en la práctica llamamos cápsula a la caja, envoltura y contenido...

Del latín *capsŭla,* que es diminutivo de *capsa,* caja, por lo que cápsula es cajetilla, cajita...

**PERICARDIO.**-En anatomía es una bolsa membranosa que cubre el corazón, tiene cinco agujeros, cuatro para los cuatro grandes vasos del corazón y uno para los nervios. Viene del griego *Perikários,* de *peri,* en torno y *kardia,* corazón

**PÍLDORA.**- Pelotilla o bolita del tamaño de un garbanzo o más pequeña, compuesta y confeccionada con medicamentos, y cubiertos comúnmente por encima con una telilla dorada o plateada. Antiguamente se le llamaba *píldora* a la bola o mecha de estopas, u otra materia, que, mojada en algún medicamento, se ponía en las heridas o llagas... *Dorar la píldora,* es una frase que significa suavizar con artificios y blandura la mala noticia que se da a alguno... Del latín *pilŭla*, pelotilla, bola pequeña.

## PANACEA

En la mitología griega Panacea era la diosa del remedio universal.

La palabra viene del griego *panakeia,* compuesta de *pan*, todo y *akos*, remedio, de *akeomai* curar.

Se dice de una medicina que cura varias enfermedades, aunque antiguamente la palabra se tomaba literalmente y sí se creía que existía esa medicina milagrosa que curaba todas las enfermedades, un *curalo-todo.*

Metafóricamente se dice de algo que es bueno para todo; de algo que remedia todo mal aunque no sea físico...

Decir Panacea universal sería una redundancia.

## HIPOCONDRIA

Afección caracterizada por una gran sensibilidad del sistema nervioso, con tristeza habitual y preocupación constante y angustiosa por su salud.

*Hipocondrio,* aunque más comúnmente se usa en plural *hipocondrios*, palabra griega compues-

ta de *hipo,* debajo, y *chondros,* ternilla, cartíla-
go. Los hipocondrios son las dos regiones latera-
les del epigatrio (epi arriba, gastrio abdomen)
boca del estómago. Los hipocondrios están situados debajo de la porción ternillosa de las
últimas costillas, o costillas falsas, como se llama a las cinco inferiores que no llegan hasta el
esternón (hueso central de la caja del pecho) como las superiores que sí se articulan a dicho hueso y por eso se llaman verdaderas costillas.

Los antiguos creían que la enfermedad de la
angustia y miedo a las enfermedades tenía su
asiento en los hipocondrios y por eso le llamaron
hipocondría…


## PLACEBO

*Placebo* píldora de azúcar sin valor terapéuti-
co alguno, que se administra a los pacientes para
producir algún efecto sicológico.

Del latín *placere* placer, agradar, dar gusto.
Placebo es futuro, te placeré, te complaceré, te
daré gusto… *ego te placebo.* En medicina se usa
desde fines del siglo XVIII. A veces para dar
ánimo a un paciente que solo necesita esperar, o
para dar confianza al paciente que reclama medicina para una enfermedad que no tiene. *Te placebo,* te daré gusto.

## EPIDEMIA

En realidad la palabra epidemia no dice nada de enfermedades, viene del griego *epi,* sobre y *demos*, pueblo... Enfermedad que por algún tiempo aflige a un pueblo o comarca acometiendo simultáneamente a gran número de personas.

## ENDEMIA

La diferencia es que una epidemia es causada por circunstancias accidentales, mientras que la endemia es producida por causas constantes y periódicas

*brillantina.* Colonia. Producto que se aplica al pelo para oler bien y darle brillo

*cachirulo*. Vasija donde se guarda el aguardiente

## PALIATIVO

*Paliativo.-* Se usa como adjetivo y como sustantivo. En la medicina se dice de los remedios que se aplican a las enfermedades incurables para mitigar la violencia y refrenar su rapidez.

Del latín *palliātum,* supino de *palliāre,* encubrir, disimular...

## *AGENTE*

Agente… la palabra trae sus orígenes del sánscrito *aj*, que significa mover. En griego pasó a ser *agein,* que significa dar el primer impulso. En latín, *agere*, hacer, guiar, conducir, *agens, agentis* es el que obra…. *Age quod agis*…. es un dicho latino que significa: *Haz lo que haces,* concéntrate.

AGENTE, por tanto es la persona, (o puede ser una cosa también), que obra y tiene la facultad para producir o causar algún efecto.

En gramática, agente es el elemento de la oración que ejecuta el acto significado por el verbo.

Un agente de negocios es el que solicita o procura los negocios de otro.

Agente de ventas, agente secreto, etc...

## BALANZA

Balanza. Del latín **bilanx** de **bis,** dos y **lanx** plato, por lo que el significado de balanza es *"dos platos"*.

**Lanx** era entre los romano una vasija o plato más ancho y menos hondo que la *patina,* esta se usaba para comer o servir el pescado y las salsas, y el **lanx** se usaba para el cocido y los asados. También se usaba en los sacrificios una especie de **lanx** o bandeja.

De balanza, se derivan balance, balancear, balancero, balancín, contrabalancear, etc

**FIEL DE LA BALANZA.-** Fides, fe del latín fidelis, fides fe, fidelis fiel. Entre los muchos significados de fiel, se usa para significar un hierro perpindicular sobre el punto medio del astil que señala igualdad de pesos que hay en la balanza, cuandos e mantiene dentro de la caja sin salir a un lado ni a otro, sino en el cnetro.. también hay el fiel de la romana, otro instrumento apra pesar y allí al fiel se le llama también lengua o lengüeta.

## MALAS PALABRAS

Las que entendemos por "malas palabras" son palabras a las que les hemos dado un significado ofensivo, o vulgar. Cómo y por qué se les cambió el significado es otra historia para otro tiempo y lugar. Aquí van algunas.

**PENDEJO**.-El pelo que nace en el empeine y en las ingles. Familiar apodo que se da comúnmente al hombre que es cobarde y pusilánime, en cuyo sentido se dice, es un pendejo.

Vocablo obsceno y torpe que emplea el vulgo con aplicación a las partes púdicas de la mujer, construido siempre con el artículo...*El pendejo*. Viene del verbo pender, colgar.

**CABRÓN**.-Cuadrúpedo con cuernos grandes, esquinados, nudosos e inclinados hacia atrás. Tiene el pelo largo, recio y áspero, y debajo de la mandíbula inferior un gran mechón de ellos en forma de barba. Metafóricamente y familiar se le llama al el que consiente el adulterio de su mujer, pero también se usa como abusivo o aventado.

**PINCHE**.-El mozo ordinario o galopín de cocina. Metáfora familiar, el valentón de navaja... de *pinchar*.

**CARAJO**.- Por sí o por no, debes de tener cuidado cuando te digan *!vete al carajo!*, porque mientras unos dicen que carajo es la canastilla en el mástil de los barcos donde el vigía atisbaba a lo lejos para descubrir a tiempo desde tormentas, barcos que se acercaran o tierra a la vista... otros dicen que carajo es el miembro viril... lo cierto es que es una palabra vieja de significado dudoso...

Quedan pendientes Tarugo, Atarantado, Pazguato y otras más.

## *NAGUA*

SEGÚN el diccionario de la Real Academia es una voz de origen taíno, una de las primeras lenguas indígenas americanas con las que el castellano entró en contacto y que desapareció pronto. La palabra originariamente era *nagua*. Se utiliza para la *«Prenda interior femenina, similar a una falda y que se lleva debajo de esta»,* y se suele usar en plural, *enaguas,* con el mismo sentido que el singular, quizá porque, en otras épocas, se ponían varias enaguas superpuestas para armar el vuelo de la falda.

Así que *enagua* es una palabra tomada de un idioma antillano, el taíno, que hablaban los pueblos que vivían en Cuba y Puerto Rico —y en lo que es la actual República Dominicana—, cuando llegó Colón.

Enagua entró en el diccionario académico en 1925, muy tarde, casi dos siglos después de existir el Diccionario de la real academia.

En la versión de 1956 del Diccionario de la academia, la definición era curiosa: *«Prenda de vestir que usan las mujeres por encima de la ropa interior y debajo del vestido que substituye al justillo y las enaguas»*

El justillo era o es una prenda interior de la mujer, que combina una camisa sin manga unida a la nagua... una sola pieza, también llamada *combinación*.

## INEFABLE

Adjetivo que se aplica a algo no se puede explicar con palabras, indescriptible, en ese sentido se dice: *un gozo inefable, un misterio inefable, sabiduría inefable, felicidad,* etc...

Se usa mucho cuando se habla de cualidades que se le aplican a Dios, Bondad inefable, inefable clemencia..etc.

Del latín *ineffābĭlis,* que no puede explicarse, ni siquiera decirse; de *in,* no; *ef* por *ex,* fuera y *fābĭlis,* forma adjetiva ficticia de *fāri,* hablar; *in-ef- fābĭlis,* equivale a *"palabra que no puede salir fuera"...* que no puede explicarse... cuando decimos *"no tengo palabras para explicarlo..."*

# AMAÑAR

Componer mañosamente una cosa. También se usa recíproco, amañarse... Acomodarse con facilidad a hacer alguna cosa. De a y maña

*MAÑA*.- Destreza, habilidad. Artificio o astucia, costumbre, resabio. Anticuado manera o modo...Darse maña, frase, ingeniarse, ayudarse disponer sus negocio con habilidad... ***El que malas mañas ha, tarde o nunca las perderá. Más vale maña que fuerza.***

Maña viene del latín ***manus***, mano. Tal vez maña empezó como destreza manual... habilidad

*AMAÑO*.- Disposición para hacer con destreza alguna cosa. ***Amaños,*** son instrumentos o herramientas.

Como metáfora, ***amaño*** significa trazas o artificios para ejecutar o conseguir algo, especialmente cuando no es justo y merecido.

Hoy se usa amañar casi como un eufemismo para no decir trampa, tranza, robo... amañar un partido de fútbol es dejarse ganar en el campo para ganar las apuestas por fuera... o pagar bien al contrario para que se deje ganar...

# ILUSIÓN

Es un concepto sugerido por nuestra propia imaginación, que no corresponde a la verdadera realidad; así decimos: *La ilusión de un sueño. La ilusión del deleite. Las ilusiones del mundo, vivir de ilusiones,* alimentarnos de ilusiones....

En óptica se llama ilusión al error de la visión acerca de la situación y estado de los cuerpos. En bellas artes ilusión es ese estado entre la observación y el entusiasmo en que nuestro espíritu atribuye a la invenciones del arte cierta apariencia de misteriosa realidad como si la belleza del fingimiento se tornara en un ser efectivo y diera verdad a la mentira... la ilusión de una pintura, de una estatua, del teatro, de la música, *"sin similitud no hay ilusión y sin ilusión no hay interés"*

**ILUSIÓN** viene del latín, ***illusio,*** forma sustantiva de ***illusum,*** supino de ***illudere,*** compuesto de ***in*** en dentro y ***ludere*** jugar, forma verbal de ***ludo*** juego.

La ilusión es, por lo tanto, un juego mental.

Vivir de ilusiones, pobre corazón... El que no pone los pies en la tierra, el que no vive en la realidad, vive de ilusiones.

# LÍDER

Líder es una de las no muchas palabras de origen inglés.

Viene de *lead,* guiar, llevar, conducir, dirigir. ... mandar, encabezar.

Ser el primero, como en un juego de cartas... *lead to..* ser la causa de lleva a... *lead the way* mostrar el camino *lead up to* conducir a, llevar a...

**LIDERAZGO.- LIDERATO.-** Se dice de la calidad de líder.

El líder es una persona que actúa como guía o jefe de un grupo.

Para que su liderazgo sea efectivo, el resto de los integrantes debe reconocer sus capacidades. Por ejemplo: *"Necesito un líder dentro de este equipo", "Todos pusimos todo de nuestra parte para ganar, pero tenemos que reconocer que no lo habríamos conseguido sin nuestro líder".*

Algunas de las características más importantes de todo buen líder son: que sabe escuchar a los demás integrantes de su grupo; que se acerca a cada uno de ellos y se toma el tiempo de conocerlos bien, prestando especial atención a sus necesidades; que no se muestra como un amo todopoderoso, sino que intenta dar un espacio a cada uno, para que todos sientan que forman parte de las decisiones; que sabe aprender de sus errores y que no tiene miedo al cambio, dado que en éste reside el secreto de su continuidad en el rol.

**RIBETE.**- La cinta con que se fortalecen las orillas o extremidades de los vestidos o ropas. Se formó de la palabra del latín **Ripa, ae,** que significa margen, orilla, borde, y de la terminación de diminutivo *ete.*

**LEJÍA.**- Agua cocida con ceniza para limpiar ropa blanca... en latín *lixivia ae. Aqua lixivia agua de lejía.*

**LIENDRE.**- No es un animal en sí, sino que es el huevo del piojo. Vino del latín lens *lendis*

## OJALÁ

Gramaticalmente es una interjección que se usa significando *¡Quiera Dios! ¡Así sea!*.

Se usa siempre para expresar el deseo que tenemos de que suceda alguna cosa que se apetece o que se pide con ansia.

Según un lingüista (Rosas) *Oxalá* es arábigo, y equivale a *"¡agrade a Dios!"* O *"¡Quiera Dios!"* Y más conforme a su origen, otros dicen *oxallá,* porque el arábigo dice *Oxallah.* Parece tomado del hebreo, que en el mismo sentido dice *Ahalai.*

Según otro lingüista llamado Casiri, *Oxalá* es voz árabe legítima, compuesta de *Iaxa-alá,* la cual se corrompió en *oxalá*, teniendo la misma significación optativa de *¡Quiera Dios!*

Un sabio orientalista de Damasco, guardián del convento latino de aquella ciudad le manifestó a Roque Barcia su opinión. La *h* aspirada, como los árabes la aspiran, representa el sonido de nuestra antigua *x* o de nuestra actual *j.* Por consiguiente la interjección *¡Oh!* Es *ox, oj*: si se añade el arábigo *Allah*, tendremos seguramente *¡ox-allah!, ¡oj-allah!* Origen evidente del antiguo *oxallá, oxalá*, y del *ojalá* de nuestros días. De manera que *ojalá* significa, sin duda, *¡Oh, Alá!, ¡Oh, Dios!.. (Dios, quiera)*

# EDIL

La palabra viene del latín **aedilis,** forma de **aedes,** que quiere decir edificio. Y es que entre los antiguos romanos el edil era el magistrado encargado de las obras públicas, de las reparaciones y adornos y limpieza de los templos y edificios públicos y calles de la ciudad de Roma.

Encargados de las celebraciones de los juegos, de los acueductos y después eran los encargados de organizar el combate a los incendios. Ya desde entonces había dos clases de ediles, unos llamados ediles curules y eran patricios y nobles, otros eran ediles plebeyos elegidos de entre la plebe, eran los que trabajaban.

Los ediles curules también eran magistrados con ciertas funciones administrativas, judiciales y religiosas.

Aparte de los curules y plebeyos, en una época hubo los ediles cereales. Establecidos por César para mantener el abasto de granos a la ciudad.

Hoy se le llama **edil** al miembro del Consejo o Ayuntamiento de una ciudad.

## ZUTANO

Usamos las palabras **Fulano, Mengano** y **Zutano** y a veces hasta **Perengano**, cuando queremos hablar de una persona imaginaria o de una persona de la que hemos olvidado el nombre, o de alguien en general.

*"Fulano"* y *"Mengano"* son palabras de origen árabe. Fulano viene de *"fulan"* que significa "tal", cualquier persona. *"Un fulano me preguntó"*... Se dice también *"un tal por cual"*.. o *"fulano de tal"*

*Mengano* proviene de *"man kan"* cuyo significado es "quien sea"

Sobre el origen de *"Zutano"* no hay acuerdo, pero la procedencia más aceptada es del término latino *"scitanus"* (en español Citano) que viene derivado de *"scitus"* y que quiere decir *"conocido"* o *"sabido"*. Algunos dicen que zutano viene del alemán **sothan**... y Mengano de mengue, hombrecillo, diablo...y que en alemán se dice **menchen.**

*Perengano* según dicen algunos viene de Pérez, por la abundancia del apellido... *cualquier Pérez*

*Fulano, Zutano, Mengano* y *Perengano,* puede ser cualquiera, todos y nadie en particular...

## ORGULLO

Hay varias versiones sobre el origen de la palabra orgullo. Unos la hacen venir del verbo griego *orgao,* que significa desear algo con extremo y hacer señales de tal deseo; o de *orgyzo*, *orguzo,* que significa alborotarse y promoverse, y así se llama *orgilos* al mismo orgullo, que sería cólera, o el propenso a encolerizarse, formando de *orgé,* que significa furor, de donde procede la voz orgía, aludiendo al furor o entusiasmo con que se celebraban las orgías o fiestas de Baco. Otros derivan orgullo del latín **erigi, erigor,** erguirse, alzarse, ponerse tieso, rígido, como si dijéramos entumecerse de soberbia.

Otros encuentran que el griego *orgao,* también significa estar hinchado, hincharse, porque el orgullo es como una hinchazón del corazón. San Agustín llamaba a los orgullosos *inflatos*, es decir henchidos, hinchados. Y esta es la etimología más aceptada. *El orgullo es una hinchazón del alma. Sea hinchazón de amor propio o de vanidad, pero una enfermedad del corazón.*
**UFANO**.-Se deriva del latín Offa, torta, ufano es el hombre que se esponja, que se ahueca, que se hincha, como offa, torta que se pone en el agua. Pero la ufanía de diferencia del orgullo en que la hinchazón o engreimiento del ufano no es la por

soberbia y altanería, sino una mezcla de hidalguía y airosa alegría, de apostura y donaire.

## PLAGIARIO

Cuando secuestran a alguien se dice ahora que lo *plagiaron*. No está bien aplicado el término, pero algo tiene de secuestro.

*Plagiario,* entre los antiguos romanos, era el que compraba un hombre libre, sabiendo que lo era, y lo retenía en servidumbre contra su voluntad.

En sentido metafórico se dice del que hurta los conceptos, sentencias o escritos de otros y los vende como propios, del latín ***plagiarius.***

*Plagiar.-* Usar como propios conceptos y escritos ajenos. Del latín ***plagiare.***

# *ÉXITO*

El fin o término de algún negocio o dependencia. Del latín *exitus*, el acto de salir, simétrico de *exitum*, salido, supino de *exire*, salir.

En sentido etimológico quiere decir salida; y figurativamente, conclusión, porque la salida es la conclusión de las acciones. *Exitus vitae* es la muerte, el acto de salir de la vida. Cicerón dijo: *exitus verborum*, la terminación de las palabras o desinencia. Tito Livio... *Rei exitum imponere*, poner fin a una cosa, buscar la salida de un asunto. Licano dijo *exitus fluvii* desembocadura del río, salida del río...

El asociar éxito con resultado lo encontramos en Cicerón: i*ncertus belli exitus, incierto éxito de la guerra.*

El éxito absolutamente dicho significa buen resultado, suceso feliz, *"Está asegurado el éxito de la empresa" "La comedia se estrenó con éxito" Por* eso la definición etimológica de éxito es *"fin o terminación favorable de algún negocio o dependencia"*

Cuando la empresa, el negocio o la dependencia llegan a término desfavorable, no es éxito sino lo contrario de salida o éxito, por cuya razón se dice, éxito dudoso, éxito malo, éxito fatal. La negación de la idea sustancial de éxito.

***Éxito no es subir, sino salir***

## TRIUNFADOR

El que obtiene el triunfo. Triunfar del latín **triumphator** de **triumphare.**

Los romanos le concedían el honor del triunfo al general que había mandado en jefe en una guerra donde se había dado muerte a por lo menos 5 mil enemigos en batalla y se había aumentado el territorio de la república. El general hacía la petición de que se le concediera el *"triunfo"* y el senado lo aprobaba o rechazaba. Un general triunfador, entraba en la *procesión de triunfo* a Roma, vistiendo una túnica bordad de palmas, toga de púrpura con rosas de oro, guardada por lo general en el templo de Júpiter Capitolino, corona de laurel y en la mano cetro de marfil coronado por un águila. El triunfador tenía derecho a llevar siempre una corona de laurel.

*TRIUNFO* era, pues, entre los romanos la solemnidad y aplauso con se celebraba alguna gran victoria y el premio con que se honraba al vencedor. Sobre todo se llamaba *triunfo* a la entrada solemne del general vencedor. Triunfo viene del griego *triambos,* se llamaba así en Grecia a una procesión en la fiesta de Baco, en latín antiguo era *triumpus*, por *triumbus*, en latín clásico *triumphus...*

Quedan algunos majestuosos arcos de triunfo con los que se marcaba la ocasión para la historia.

Una batalla menor se celebraba con una *ovación,* palabra que viene del latín *ovis,* oveja, porque se sacrificaba una oveja para celebrar.

## FISCO

Tesoro público. Del latín *fiscus,* cestilla para poner el dinero. *Fiscalizar.-* Verbo activo, hacer el oficio de fiscal. Criticar y averiguar las acciones u obras de otro. En Italiano *fiscaleggiare* significa sutilizar...

*Fiscal.-* Relativo al fisco... agente del fisco. En los tribunales, el que representa el ministerio público, *el fiscal tiene por adversario al abogado del reo acusado.*

## SOLSTICIO

Se llama así a la entrada del sol a los puntos solsticiales, que son el principio de la constelación de Cáncer y el de Capricornio. El primero hace en el hemisferio boreal el día mayor del año y la noche menor. El segundo el día menor y la noche mayor, y en el hemisferio austral lo contrario.

Del latín *solstitĭum,* palabra compuesta de *sol, solis,* el sol, y *stātĭo,* estación, parada, forma sustantiva abstracta del verbo *stāre,* estar de pie, quieto, parado. (Parece que el sol se detiene, se para en su camino, para luego regresar por donde mismo).

En los solsticios es el tiempo en que el sol se haya más lejos del ecuador. En el hemisferio norte, solsticio de verano 21-22 de junio y el de invierno 21-22 de diciembre.

*BOREAL.-* Lo perteneciente al viento *Bóreas* o la parte septentrional. Bóreas o Aquilón, viento frío y seco del norte de la tierra. En la mitología griega *Bóreas* era hijo de Astreo y Heribea.. en griego *boréas* y latín *Bŏreas.*

*AUSTRAL* lo que pertenece al Austro, o Mediodía. Tierras australes en geografía son las que están al sur del ecuador. Del latín *austrālis.* Austral mediodía.

**SEPTENTRION**.- Del latín **septemtriōnis**, se usa para designar el polo ártico o polo Norte, por la constelación de *Osa Mayor* de la estrella del norte. Septemtrionis se compone de **septem**, siete, y **triōnes,** bueyes que aran, con lo que se designaban las siete estrellas de la Osa Mayor.

**POPOTE**.- Especie de paja que en México se usa para hacer escobas de color tirando a dorado. Del náhuatl **popotl**.

**PONINA**.- Alguna vez te habrá tocado en el trabajo que se hace alguna "coperacha" para algo y el que anda juntando te dice: *"Poninas, dijo Popochas",* la palabra **ponina** sí existe.

Ponina es una diversión en la que sólo toman parte los que contribuyeron con su cuota, en especie o dinero, para que se verifique; como un baile, comida, un paseo, etc...

# CIRCUNSPECCIÓN

Significa: Atención, cordura, prudencia. También se usa como, seriedad, decoro y gravedad en acciones y palabras. Sinónimos de circunspección serían, discreción, reserva, recato, comedimiento, reticencia.

Del latín **circumspectĭo, circumspectus** es participio pasivo de **circumspicĕre,** que significa mirar alrededor. Se compone de **circum**, círculo, en torno, y **spicĕre** mirar...

**CIRCUNSPECTO.-** Discreto, prudente.

**RETICENCIA.-** En retórica es una figura que consiste en empezar una frase o apuntar alguna especie, a fin de que se comprenda, pero sin decirla del todo. Del latín **reticentĭa,** de **reticēre,** callar.

**RETICENTE.-** El que usa reticencias, o la expresión o palabra que envuelve reticencia. Del latín **reticens, reticentis**, estar silencioso de **re** muchas veces y **tacēre** guardar silencio, callar con estudio, con arte, saber callar.

**DISCRETO.-** Alguien dotado de discreción. Se usa como adjetivo o como sustantivo- Se dice de los escritos y de las acciones.

Del latín *discrētus,* separado apartado, distinto; participio pasivo de *discērnere,* discernir. Distinguir.

También significa algo que no es continuo, algo que presenta separaciones. En medicina, por ejemplo, viruelas *discretas* serán aquellas que están bien separadas...

## BOATO

Ostentación en el porte exterior. Anticuado Vocería o gritos de aclamación. Del latín *boātus,* gritos, alboroto.

## ALBOROTO

Tumulto, conmoción de gente con voces, estrépito, Bullicio o ruido ocasionado por el mucho número o concurso de personas. Del árabe *al'arbada,* ruido, cuestión y trance de guerra.

## CHAPETEADA

*Se le llama Chapeteada a la joven que, natural o artificialmente, lleva los cachetes rojos.*

CHAPA.- Del latín. *Caput,* cabeza; *capĕre,* contener, coger.

Hoja de lámina plana, de metal o de otra materia que sirve para dar firmeza o adornar la obra que cubre.

Se le llama chapa también a las placas como a las de policía y en países de Latinoamérica, como México se le llama Chapa a las cerraduras, especialmente a aquellas cuyo ojo estaba rodeado de una placa de metal.

*CHAPETA y CHAPETE* son diminutivos de chapa...

Chapete se les llama, pues a la mancha encarnada que suele salir a las mejillas. Se llama también así la que se ponían artificialmente las mujeres.


*ROZAGANTE* Adjetivo que se aplica a la vestidura vistosa y muy larga...

Como metáfora significa vistoso, ufano. Del italiano *rossicante...* rojizo. Algunos dicen que rozagante viene de rozar, porque primero se usó la palabra para designar los trajes que arrastraban...

## BOYCOT

La palabra *boicot* es relativamente nueva y curiosamente es el nombre del primer individuo al que se le aplicó "el boicot", o que fue "boicoteado"

*Boicot* es el acto de abstenerse voluntariamente de utilizar, comprar o tratar con una persona, organización o país como medio de presión y protesta, generalmente por razones sociales o políticas.

La palabra entró al diccionario en 1950, pero se venía empleando desde comienzos de siglo XX. Su origen es inglés, viene del capitán *Charles Cunningham Boycott* (1832-1877), que el encargado de administrar las fincas que el conde de Erne poseía en Irlanda, país que entonces estaba luchando por su libertad.

El famoso orador Parnell había recomendado a los irlandeses que no trabajaran en las tierras de los propietarios ingleses, hasta que se modificaran la leyes agrarias. El capitán Boycott fue la víctima más sonada de la protesta. Fiel a su señor, aunque veía la justicia de la causa irlandesa, vio el Sr. Boycott cómo se le cerraban todos los comercios, la gente no le dirigía la palabra, no había pastores para sus rebaños ni quien cultivara sus tierras. Al final, tuvo que ceder y volver a

Inglaterra. Y así fue como nació la palabra...
*Boicotear.*

Cosa paradójica, en su país Boycott abogó por los irlandeses, denunciando la opresión en que vivían....

**PALIAR.-** Verbo activo encubrir, disimular, cohonestar alguna cosa.

Del latín, ***palliāre,*** disimular, tapar, forma verbal de ***pallĭum***, manto, capa, cubierta.

**COHONESTAR.-** Dar semejanza de buena a una acción mala.

Del latín ***cohonestāre,*** honrar, de ***cum,*** con y ***honestāre,*** forma verbal de ***hŏnestus***, honesto. Hacer honesto.

## MARIACHI

Una versión muy difundida sobre el origen de la palabra *Mariachi*, es que proviene del francés *mariage* (matrimonio), por la costumbre entre franceses de casarse con música durante la época de Maximiliano, podría ser, pero parece que no es verdad, pues se ha demostrado que la palabra existía antes de la intervención francesa.

Jean Meyer localizó un documento de 1852 en el que el cura de Rosamorada, cerca de Tepic, escribe que *"... ya sabemos cuántos crímenes y ecsesos se cometen por estos puntos Mariachis..."* En la lengua pinutl (lengua hermana del cora) *moriachi* o *mariache* significaba "tarima" o "estrado". La palabra *mariachi* proviene del nombre de un árbol de la familia de las acacias, con cuya madera se hacían las tarimas para los bailes. Todavía en 1908, Enrique Barrios de los Ríos utiliza la palabra ***mariachi*** como equivalente de tarima, al hablar de fiestas en Santiago Ixcuintla, población cercana a Rosamorada: *" ... entre una y otra tienda hay un **mariachi**. Es éste una tarima de pie y medio de alto, dos varas de longitud y una de anchura, donde toda la noche, y aun de día, se bailan alegres jarabes al son del arpa, o de violín y vihuela, o de violín, redoblante, platillos y tambora, en cuarteto aturdidor"*

# SÁNDWICH

John Montagu, cuarto conde de Sandwich, nació en Westminster, Inglaterra en 1718 y falleció en Londres en 1792, fue un hombre muy importante en su época. Muy educado. Entre 1738 y 1739 realizó un viaje por el Mediterráneo cuyo relato fue editado después de su muerte. Durante su transcurso, "recogió" muchos objetos de arte, entre ellos una lápida de mármol con una enigmática inscripción que no fue descifrada hasta 1743 por el profesor Taylor, que llamó a la pieza *"mármol de Sándwich"*.

El conde de Sándwich fue político de gran ambición y ocupó cargos importantes de gobierno: desde segundo lord del Almirantazgo hasta embajador plenipotenciario, lord Justicia y vicetesorero adjunto de Irlanda. Con todo eso y su vida escandalosa, no habría pasado a la historia si no hubiera sido por su pasión por el juego. Como no se levantaba de la mesa de juego ni para comer, su cocinero tuvo la idea de servirle un filete de res entre las dos mitades de un panecillo. La idea tuvo éxito y pronto se puso de moda, y hasta en las reuniones aristocráticas se empezó a servir lo que, desde entonces, se llama un **Sándwich.** Las clases populares pronto imitaron el invento, pero durante un tiempo se reservó a la nobleza e incluso se sirvió en reuniones de la corte.

Según parece, el cocinero del conde de Sándwich tuvo la genial idea en 1762... y desde entonces se usan los sándwiches..

**CALÓ.**- Se decía de la lengua que se habla en las cárceles y en entre gitanos, semejante al usado en Francia que se llama *argot.*

**CALISTENIA.-** Término de gimnasia. Sistema de ejercicios corporales para el desarrollo material de los jóvenes. Viene del griego **kállos,** bello y **sthénos,** fuerza... bello y fuerte.

## TOCAYO

Se dice de una persona que tiene el mismo nombre de otra.

Tocayo viene del náhuatl *tocaitl*, nombre, la forma adjetival *tocayo* significaría *"el que tiene el nombre"*... el mismo nombre. *"Mi tío es mi tocayo, los dos nos llamamos Procopio"*

**HOMÓNIMO.-** Adjetivo, se dice de dos o más cosas o personas que llevan el mismo nombre. También se dice de dos palabras que se pronuncian igual, pero tienen diferente significado, como *haya,* árbol y *aya* sirvienta. O de palabras que se escriben igual pero tiene diferente significado como *Tarifa* que es una ciudad y *tarifa* que es una tabla o catálogo de precios o impuestos. Cuando se refiere a personas equivale a *tocayo..*

Del griego *homōnymos, de homós, igual y ónyma,* nombre, en latín es *homŏnymus.*

# PRESAGIO

**PRESAGIAR.**-Anunciar alguna cosa futura por señales que se cree que la anuncian.

Del latín **praesagīri;** de **prae,** antes, y **sagīre,** presentir, forma verbal de **sāugus,** adivino.

**PRESAGIO.**- Es la señal que indica, previene y anuncia algún suceso favorable o contrario. Especie de adivinación o conocimiento de las cosas futuras por las señales que se han visto, o por movimiento interior que las previene. Del latín **praesagĭum.**

**AUSPICIO.**- Agüero, adivinación. En plural se dice de las señales prósperas o adversas que en el comienzo de un negocio parecen presagiar su buena o mala terminación, y así se dice que *un negocio empezó bajo buenos auspicios...* o malos.

Del latín **auspĭcĭum,** observación del vuelo, canto y pasto de las aves para dar una predicción del futuro. De **Avis**, ave, y **spĭcĕre,** considerar...

**AGÜERO.**- Presagio o señal de cosa futura. Pronóstico favorable o adverso de las cosas futuras, formado supersticiosamente por señales o casualidades de ningún fundamento. Adivinación que hacían los antiguos por el canto, vuelo y otras señales que observaban en las aves. Del latín *augŭrĭum.*

**AUGUR, AGORERO.**- Del latín **augur** de **avis,** ave, y **gerĕre,** llevar.

**AUGURACIÓN.**-Adivinación por el vuelo de las aves. De augurar, en latín es **augurātĭo,** forma sustantiva abstracta de **augŭrātus,** augurado. El Auguráculo, **augurācŭlum,** era el lugar donde se hacían los augurios.

## *AZAFATA*

Azafata, una palabra muy típica de la era de la aviación.

*AZAFATE.-* Es una especie de canastillo llano, tejido de mimbres, en cuya circunferencia o borde, se levanta un género de enrejado de la misma labor, de cuatro dedos de alto, poco más menos. También se hacen de paja, oro, plata y otras materias.

Viene del árabe *as-safāt,* cesta de hojas de palma; cestillo en donde las mujeres ponen sus alhajas y perfumes.

De allí derivó *Azafata,* criada de la reina, que le entregaba los vestidos y alhajas que se había de poner y los recogía cuando ésta se los quitaba. Probablemente los entregaba en un azafate y de allí el nombre *"la de la bandeja".* Por alguna razón así se les empezó a llamar a las muchachas que atienden a los pasajeros en los aviones comerciales, tal vez porque los atendían como reyes, pues en un principio no cualquiera viajaba en avión.

**ALHAJA.-** Otra palabra árabe. Significa cualquier mueble o adorno precioso, y metafóricamente cualquier posesión de mucho valor y estima. *"Alhaja que tiene boca ninguno la toca"* refrán que da a entender que todos huyen de aquello que trae costo o gasto. También en sentido irónico se le dice a alguien que es una "Buena alhaja" o "eres una alhajita" cuando en realidad es un pillo, pícaro, vicioso, pero también al que es astuto, avisado o travieso.

Del árabe *al-hācha,* cosa necesaria, vestimenta, trebejos de niño, joya.

**ARREBOL.-** Color rojo que se ve en las nubes heridas con los rayos del sol, lo que regularmente sucede al salir o ponerse. Color encarnado que se ponen las mujeres en el rostro. "Arreboles de la mañana a la noche son agua"... De *ar* por *ad* y el latín *rŭbeus,* rubio.

## AUTÉNTICO

Lo acreditado de cierto y positivo, por los caracteres, requisitos o circunstancias que en ello concurren.

Lo autorizado o legalizado, que hace fe pública.

Del griego *authentikós;* forma de *authentēs,* el que obra por sí mismo, maestro; de *autós*, por sí propio, y *entos*, dentro: latín *authenticus.*

Se usa como cierto, positivo. Lo contrario sería, falso, fingido. Por la etimología, auténtico es lo que lleva dentro de sí la esencia de su ser, que no fue adulterado ni se le ha añadido el ser... es original.

Con el prefijo *autós, por sí mismo,* se forman muchas palabras, como *automóvil,* que se mueve a sí mismo..

*AUTÓMATA.*- Máquina que tiene en su propio mecanismo el principio de su movimiento. Hoy se dice más comúnmente de las máquinas con figura de seres animados, que imitan sus movimientos. En lenguaje familiar se llama autómata a la persona estúpida o excesivamente débil que, sin voluntad propia, se deja dirigir por otra.

Del griego *autómatos* de *autós,* por sí mismo, y *mátos,* esfuerzo, de *máomai,* buscar, tender a un fin, esforzarse.

*Automáticamente*, es un adverbio que significa *"como un autómata"*.

*Automático* es lo que se hace maquinal e indeliberadamente. Sin pensar, sin reflexionar...

## HORCHATA

HORCHATA.- Es una bebida que se hace de almendras, pepita de sandía, o de melón, calabaza u otras, todo machacado y exprimido con agua y sazonado con azúcar, También se hace solo de almendras, de chufas u otras sustancias análogas. Nosotros conocemos más la que se hace con arroz.

La palabra viene de...

*HORDIATE*.- *U*na bebida que se hacía de cebada, semejante a la tisana, porque hordiate es una especie de cebada cuyo grano nace desnudo y mondado como el trigo. Del latín **hordĕum,** cebada

## *HELIOTROPO*

Cerca de las nuevas oficinas de El Aviso hay una calle que se llama ***Heliothrope...*** El heliotropo es una planta originaria de Perú, de unos dos pies de altura, con tallos largos y tendidos y cubiertos de pelos ásperos; las hojas aovadas, nerviosas, arrugadas y de un color verde oscuro, y las flores pequeñas de color azulado en espigas enroscadlas. La flor tiene un olor agradable y por eso se cultiva entre las plantas de adorno. Una piedra preciosa de color verde azulado y manchas encarnadas también se llama heliotropo.

Del griego ***Hēlios,*** sol y ***tropē,*** giro, cambio. Eliotropismo se llama a esa propiedad que tienen algunas plantas de dirigir sus flores hacia el sol.

Muchas palabras vienen de la raíz ***hēlios***, sol...

# NARCÓTICO

**NARCÓTICO.-** En medicina se aplica a lo que tiene la virtud de adormecer o entorpecer. Algo que produce sopor, relajación muscular y embotamiento de la sensibilidad como el opio y los barbitúricos.

Del griego **narkōtikós** de **narkóō** adormecer.

**NARCOTINA** en química es la sustancia cristalizable que se encuentra en el opio.

**SOPORÍFERO.-** Viene del latín **soporĭfer** palabra compuesta de **sŏpor** y **fero**, yo llevo, lo que lleva o causa sopor...

**SOMNÍFERO.-** Viene del latín **somnĭfer,** de **somnus** sueño y **ferre**, llevar, producir. Lo que produce sueño.

**ESTUPEFACIENTE.-**
Lo que produce estupefacción. Del latín **stŭpefăcĭens stŭpefăcĭentis** el que se sorprende con pasmo. Participio de presente de **stŭpefacĕre** aturdir.

**PASMO.-** La contracción fuere o duradera de uno o muchos miembros del animal. Como metáfora Admiración grande, que ocasiona como una suspensión de la razón y del discurso. Del griego *spáō,* yo tiro *spasmós;* latín *spasmus*

**HIPNÓTICO.-** Epíteto de las sustancias que inducen el sueño, pero un sueño artificial, mientras que somnífero ayuda a un sueño natural. Del griego *hypnotikós* de *hypnóō* yo duermo.

## POMADA

**¿Qué tiene que ver la pomada de la Campana con las manzanas? Vamos viendo...**

**POMADA.-** Es una composición hecha de varios ingredientes, de los cuales se forma una especie de manteca para ablandar el cutis del rostro, las manos y la piel en general, o dar suavidad al pelo, etc.

Pomada viene de **Poma,** porque las primeras pomadas fueron composiciones farmacéuticas de manzanas con alguna substancia grasienta.

**POMA.-** Manzana, particularmente un tipo de manzana pequeña y chata de color verdoso y buen sabor. Del latín **pōmum,** que designaba todo género de fruta de árbol, buena para comer; simiente, árbol frutal.

**POMONA.-** Se usa esta palabra para describir los frutos de una comarca.

Del latín **Pōmōna,** diosa de los frutos; recolección cultivo de los árboles frutales. De de **pōmum,** poma.

**CEREAL** es otra palabra que también viene de una diosa de la mitología latina, la diosa Ceres, que presidía las cosechas. Hija de Cronos y Cibeles. Su culto era especialmente intenso en

las regiones agrícolas, por supuesto, y se le tribu-
taban sacrificios cuando las mieses empezaban a
brotar, y otra vez en la época de la siega. Unas
sacerdotisas, vestidas con túnicas blancas, eran
las encargadas de las ceremonias.

# *POSTERGAR*

**POSTERGAR.**- Hacer sufrir atraso, dejar atrasada una cosa, ya sea respecto del lugar que debe ocupar, ya del tiempo en que había de tener su efecto. Perjudicar a algún empleado, dando a otro más moderno el ascenso o recompensa que por su antigüedad le correspondía.

Del latín *post,* después y *tergum,* espalda; *postergānĕus;* lo que queda postergado.

**POSTRE.**- Lo que viene al último, postrero. La fruta, dulce y otras cosas que se sirven al final de las comidas o banquetes.

La expresión *A la postre,* o *al postre,* significan, al final, a lo último...

Del latín, ***poster, postĕrus***, de ***post***, después.

## HECES

De ciertas funciones del cuerpo nos cuesta trabajo hablar, aunque nos acompañen desde que nacemos hasta que morimos... Hoy traigo unas palabras un poco mal olientes que a algunas personas pueden ofender... pero que no hace daño saber el verdadero significado...los que tengan *mal estómago* no sigan leyendo...

**HEZ.-** Es la parte de desperdicio en las preparaciones líquidas, lo que sobra, lo que sienta, "asientos" le llaman algunos. Por ser, generalmente, una sustancia terrosa y más pesada, se deposita en el fondo de las cubas o vasijas.

Heces le llaman metafóricamente a *"lo más vil y despreciable de algo"*.

También se le llama así a excrementos e inmundicias que arroja el cuerpo por el ano.

Del latín *fēx fēcis*, variante del clásico *faex*, poso, impurezas. Derivados cultos de Fex son: fecal defecar, defecación. De hecho decir *heces fecales*, es prácticamente un pleonasmo pues equivale a decir "residuos residuales", pues tanto heces como fecales vienen de *fex, fecis*.

**EXCREMENTO:-** Latín, *excrēmēntum*, una forma del verbo *excernĕre*, que significa separar, lo mismo que el verbo griego *krínein* apartar Las heces del alimento que despide el cuerpo por el ano. También se llama excremento a cualquier materia o superfluidad inútil y asquerosa que despiden de sí los cuerpos por boca, nariz y por otras vías y también se extiende a significar el que se produce en las plantas por putrefacción.

## *PARODIA*

Palabra griega compuesta de *para* cerca y *ode* canto. Se llama parodia a una imitación burlesca de una obra literaria seria. Por lo general la parodia es escrita en verso. Hoy se usa para designar cualquier imitación burlesca de cualquier obra seria.

# *HÍBRIDO*

HIBRIDO en latín *hybridus,* del griego *hybridos,* animal procreado por dos distintas especies, como el mulo procreado de burro y yegua.

*Hybris*, en griego quiere decir injuria, afrenta, como si los seres híbridos fuesen un ultraje a la naturaleza. Tal es la opinión corriente, pero otros opinan que *Ibrida* es voz puramente latina. En la Etruria (Región en el centro de Italia, lo que hoy es Tuscania, Lazio, y Umbría), se llamaba *umbros* a los extranjeros, los que no eran del país, por lo que *umber* significaba también *spurium,* bastardo. En lugar de *umber* decían también *imber* e *iber,* de donde hicieron *ibris, ibrida,* significando spurius*, espurio, mestizo, el que ha nacido de dos especies diferentes, o de un padre extranjero o de una madre extranjera.

Los carros llamados híbridos son el resultado de la combinación de dos sistemas de funcionamiento diferentes, de gas y eléctrico.

*ESPURIO.-* Spurius del griego *spora* semilla, que es sembrado, pero tomado por el lado malo, como quien dice *"mal sembrado",* de origen no legítimo.

128

## *ARROBA*

Hay que distinguir entre la palabra y el signo. La arroba era una medida de peso que equivalía a 14.7 kilos en Portugal 32 libras y a 25 libras en España 11.5 kilos. Aún se sigue usando la arroba como medida de peso con diferencias según los países o regiones.

Se llama arroba tanto a la pesa, como a la cantidad que consta de igual peso, así se decía: *"una arroba de maíz".*

Del árabe ***ar-roba'a,*** que quiere decir *"la cuarta parte",* aludiendo a que una arroba era la cuarta parte del ***quintal,*** que era otra medida antigua de peso equivalente, obviamente, a cuatro arrobas, 64 onzas.

Pero no es esa la "arroba" que vemos en internet, aunque se le llame así al signo @ que tan conocido y usado es ahora en estos tiempos, pero que en tiempos muy antiguos significaba algo distinto.

Había un signo *a* que usaban los que escribían libros a mano para poner citas, significaba *"en ese sitio",* o *"ver en tal parte"* y prácticamente es lo que significa cuando se usa en correos y citas en mensajes de internet, pero de la *a* se pasó a usar el signo @ que hoy llamamos arroba, o el signo "at", *en ese lugar, en ese sitio.* Pero ese signo en el pasado se usaba como un signo en contabilidad y tarifas y documentos comerciales significando "each at" cada unidad a.. tanto y el signo representaría una *e* de *each* encerrando un *a*. de *at... (comparable con nuestra abreviación c/u a tanto)* el caso es que en estos tiempos @ vino a significar: *"Localizado en..."*

# HACIA

Por la escritura (buena o mala) y la pronunciación esta palabra se puede confundir con otras tres, veamos:

*ASIA*, sin ache y sin acento, es el nombre de una de las partes en que dividimos el globo y que les llamamos continentes, pero le pusieron ese nombre en honor a una Ninfa, hija del dios Océano y Tetis.

*ASÍA,* sin ache, pero con acento en la i, es forma verbal del verbo asir, que significa tomar con la mano.

*HACÍA,* con ache y con acento en la i, es del verbo hacer... *"Visitando Asia, yo asía su mano porque hacía mucho frío mientras íbamos hacia la montaña"*

*HACIA,* sin acento, significa *de cara a; marchar de frente a una cosa; de cara a....*
Es una preposición que indica dirección. Situación o término del movimiento. *"Ir hacia allá"*
Del latín *Facie,* ablativo de *facies facie*, la cara y de *Ad*, preposición que expresa la idea de referencia de una persona o cosa a otra como

término. Así que de *facie* y *ad* se formó la pre-posición castellana antigua ***Facia. facie ad,*** (de cara a..) Luego se cambió a ***facia*** y de allí terminó en nuestra hacia. El latín ***facie ad,*** y las españolas ***facia*** y ***hacia*** equivalen a lo mismo: de frente a... de cara a..

## *INCERTIDUMBRE*

Algunos confunden la palabra i*ncertidumbre* con *"duda"*, veamos las diferencias:

La *Incertidumbre* es el resultado de escasez, o falta de conocimientos. La *duda* resulta de la escasez o falta de pruebas o razones para sustentar una opinión. La duda mantiene el ánimo indeciso, debatiéndose entre razones, motivos o antecedentes; no halla para cuál lado hacerse, de manera que por falta de convencimiento no actúa. En la *incertidumbre* no hay creencia, porque falta conocimiento de aquellas mismas razones, motivos o antecedentes que constituyen lo dudoso, pero la incertidumbre deja el ánimo sin facultad o luz suficiente para tomar una resolución o persuasión.

*No es lo mismo un futuro incierto que un futuro dudoso.*

*Es dudoso el partido que se debe tomar en una guerra civil. Es incierta la hora de nuestra muerte.*

*Certidumbre,* es lo contrario de incertidumbre, significa certeza, Seguro, obligación de cumplir alguna cosa....y *Certeza* es el conocimiento cierto y seguro de alguna cosa.

*CIERTO.-* Del latín *certus,* antiguo participio de *cernĕre,* discernir, juzgar. Incierto es lo contrario de cierto, lo que no es verdadero, lo inconstante, lo no seguro, no fijo, ignorado.

**UMBRE...** Cuando veas palabras con ese sufijo (que terminan en **umbre**)lo más seguro es que esa palabra denote acumulación... de algo, por ejemplo: podredumbre, certidumbre, costumbre, muchedumbre...

## *ACONTECER, SUCEDER, OCURRIR, ACAECER*

Estas palabras tienen un significado pareci-do... pero diferente....veamos:

*ACONTECER* tiene un sentido de solemni-dad, de pompa, de algo histórico. Un aconteci-miento es algo que forma época, algo que no se olvida. *La publicación de cien años de soledad fue un acontecimiento en la literatura Hispa-noamericana... El descubrimiento de América fue un acontecimiento que cambió al mundo.*

*SUCEDER:* tiene un significado de serie, en-cadenamiento, sucesión. Es el enlace progresivo, variado y múltiple de las cosas del mundo. Y como la desgracia es lo que más frecuentemente sucede en la vida, *suceder* encierra cierta idea de desventura. Por eso no se usa *"me ha aconteci-do, me ha ocurrido",* sino que decimos constan-temente *"me ha sucedido tal o cual percance, tal o cual desgracia".*

*OCURRIR.-* Se compone de del verbo latino *currere,* correr, y de la partícula *ob* que es adver-sativa, por lo tanto ocurrir expresa la idea de una cosa que sale a nuestro encuentro para estorbarnos, como para obstruirnos el camino. Ocurrencia es algo que tiene un sentido de obstáculo.

*ACAECER,* la palabra lo dice, viene de *acado, caer cerca de.* De modo que acaecer encierra una idea de aventura, de azar. Cuando hablamos de una cosa rara, de una circunstancia peregrina, de un suceso imprevisto, lo correcto es decir ha acaecido.

Los hechos históricos *acontecen.* Las desdichas *suceden.* Las casualidades *acaecen.* Las dificultades *ocurren.*

# HOSTIGAR, ACOSAR

Por principio de cuentas diremos que hostigar es golpear y acosar es acorralar...

Hostigar viene de *fusta, fuste,* vara de donde viene el verbo latino *fustigare,* dar azotes. Primero fue *fostigar,* en español antiguo, luego *fustigar* y por fin quedó en **hostigar**... que significa ni más ni menso que azotar.

*ACOSAR* viene de **cursum,** del verbo latino **currere,** equivalente a correr, de donde vienen muchas palabras de nuestro idioma, como **corzo,** llamado también ciervo, venado, animal muy corredor; **correa,** porque se corre, **correoso, correo**; **corvejos, corvejón corva, corvo,** etc.

*Hostigar* a uno es darle un castigo, apremiarle, cercarle, oprimirle.

*Acosar* es correr siguiendo la pista de alguno, lo que se llama perseguir,

"*Hostigó al enemigo*" quiere decir que no lo dejó de la mano, que le causó pérdida.

"*Acosó al enemigo*" quiere decir que le siguió sin tregua, que le fue a corso, que se convirtió en su corsario.

*Corso y Corsario* vienen del mismo origen de acosar... Acosar no es más que ir a corso... Y de allí viene coso, encierro, plaza de toros. El que hostiga molesta. El que acosa corre. El hostigado necesita fuerza. El acosado necesita reposo. Hostigar fatiga, acosar cansa.

## PÁRAVULO

**Parvo** significa pequeño, viene del griego **pauros,** poco, en latín **parvus**. Parvulez significa pequeñez, simplicidad.

Párvulo, es un adjetivo que significa pequeño y se usa como sustantivo para significar niño o niña...como metáfora se aplica al que sabe poco o es fácil de engañar... como si fuera niño, humilde, acuitado. Viene del latín **parvulus**, que es diminutivo de **parvus,** pequeño, por eso cuando decimos *parvulitos,* es un diminutivo de un diminutivo, con párvulos basta para decir pequeñito. *Parvo,* pequeño; *párvulos,* pequeñito; *parvulitos* pequeñísimo

# ADULTERIO

Del latín **adulter, (ad-ulter** por **ad-alter**), cerca de otro, o en comunicación con otro, de allí **adulterium,** adulterio, que significa el ayuntamiento carnal ilegitimo de hombre con mujer, siendo uno de los dos o los dos casados con otra parejas; o sea, *hacerlo* con otro u otra que no es la suya...

Adulterar una cosa es añadirle algo diferente...otra cosa *Adulterar el vino,* por ejemplo.

**ADULTO.**- Aunque adulterio es cosa de adultos, **Adulto** viene de otra raíz diferente, del latín **adoleo** de **alo** alimentarse. Significa el que ha llegado al término de la adolescencia o del crecimiento. Del latín **adolesco,** crecer. El que raya en la juventud. Crecido. **Adultus,** participio pasivo de **adolescere**, crecer, frecuentativo de **alere,** nutrir.

## SINCERO... SENCILLO

Una persona sincera por lo general es sencilla y una persona sencilla por lo general es sincera.... Pero no es exactamente lo mismo sencillo que sincero.

*Sincero* es una palabra sencilla que simplemente quiere decir: Sin cera.. en latín *sine cera, sine cerum*, miel pura, miel que se ha separado de la cera, del panal, de la parte lechosa. No es miel en penca, es miel pura.

Sincero solo puede aplicarse a personas, porque se refiere a cualidades morales, lealtad, libre de mezclas, de manchas, de impurezas.

Mientras que sencillo, del latín *singuli* uno, solo, se aplica igualmente en sentido físico que moral, o sea, que se puede decir de las cosas y de las personas. Lo mismo se dice una tela sencilla, que un hombre o una mujer sencilla.

*Sinceridad* habla de pureza, candor. *Sencillez* habla de humildad, llaneza.

El sincero no engaña. El sencillo puede ser engañado.

Lo contrario de Sincero es lo fraudulento, lo solapado.

Lo contrario de lo sencillo es lo doble.

La sinceridad es virtud más noble que la sencillez, pues lo sincero supone probidad de sentimiento y conciencia. La sencillez puede haber falta de trato y entendimiento... El sincero es leal, probo, digno, el sencillo puede ser débil y...

**PUSILÁNIME**.- Adjetivo, falto de ánimo y valor para tolerar las desgracias o para intentar cosas grandes. Del latín **pusillanimis** de **pusillus** diminutivo de **pusus** niño, pequeño y **animus,** ánimo... ánimo de niño

## TARABILLA

Probablemente alguna vez te han dicho o has dicho a alguien que habla mucho... *"Pareces tarabilla"....* probablemente el 90% de los que usamos la palabra no tengamos idea clara de lo que es una tarabilla.... ¿lo sabes tú?

Le llaman tarabilla a la cítola del molino, y también al zoquetillo o taruguillo de madera que sirve para cerrar las puertas o ventanas, clavado al marco de forma que se puede mover y con un extremidad asegura la puerta o la ventana.

*Citola.-* Es una tablilla que cuelga sobre la piedra del molino harinero y, al ser movida por la piedra al girar, golpea la tolva, con lo que hace que se desprenda la molienda de las paredes de ésta y, además, al dejar de oírse el golpeteo, avisa que el molino se ha detenido. Un dicho antiguo es *"La citola es por demás cuando el molinero es sordo".* El ruido de una citola mantuvo asustados toda una noche a Don Quijote y Sancho en una de sus aventuras.

Metafórico y familiar se le llama tarabilla a la persona que habla mucho y de prisa sin orden ni concierto, o también se le dice tarabilla al mismo tropel de palabras dichas con prisa sin interrupción... *Soltar la tarabilla,* es hablar mucho y de prisa... Así se dice de alguien que *tiene lengua de tarabilla,* que *habla como tarabilla*, que *está*

**como una tarabilla,** que *siempre vuelve con la misma tarabilla...*

Tarabilla también podría ser un diminutivo de **traba- de trabar,** pero más parece venir de citola...

## *CHAPIN*

CHAPÍN.- Es una especie de chanclo, que usaban sólo las mujeres y se diferencia del chancho común en que tiene, suelas de madera, o de corcho forrado por los lados de cordobán.

Lo usaban en especial para andar en las calles donde había agua y barro. Aparte de agregar altura a las damas, les protegía los vestidos.

Las altas suelas estaban hechas en un principio de la madera del *sapino,* un árbol de la familia de los pinos. Del sapino les pudo venir el nombre, aunque se dan varios orígenes de la palabra, incluyendo origen árabe.

La madera es liviana y no embebe el agua. Además estaban forradas las bases de cordobán.

*El cordobán* es la piel curtida del macho cabrío o de la cabra.. Adquirió su nombre por Córdoba famosa en curtido de esas pieles en un tiempo.

El chapín era utilizado por las mujeres en el siglo XVI.

Del árabe podría venir de *chipín* que significa alcornoque por usarse también esa madera en la base de los chapines...

Lo que no ha quedado claro es por qué el apodo de chapines a los habitantes de la ciudad de Guatemala (y por extensión a todos los guatemaltecos). Unos lo buscan en las leyendas, otros en el uso de esos zapatos, otros... no sabemos.

Una versión del apodo chapín a los guatemaltecos, y tal vez más acertadas es la siguiente:

Dicen que los habitantes de Cuscatlán, que abarcaba gran parte del actual territorio de el Salvador, fueron apodados *pipiles* por los quichés de Guatemala, sobrenombre burlesco que los autores hacen venir de la voz náhuatl *pipil*, niño y cuya aplicación explican diciendo que los cuscaltecos hablaban un corrompido dialecto mexicano con pronunciación de niño. Pero la palabra náhuatl *pipil* es compuesto de las voces quichés *pi*, chillar y *pil*, desollar, así que *pi-pil* sería: chillido, chiflido que hiere, voz que molesta.

Los *pipiles*, a su vez, llamaron a los quichés, cuyo núcleo estaba en el centro de lo que hoy es Guatemala, *chapines,* palabra que se compone de *cha,* que en náhuatl y en el quiché significa hablar y de *pin*, que en náhuatl quiere decir pequeño y en quiché agudo, de modo que *cha-pín* equivale, según esta segunda interpretación a vocecita, voz aguda, tiplisonante"

No digo que esta denominación de chapines, dada por los pipiles a los quichés, remonte a las épocas prehispánicas; bien puede ser que se haya creado el vocablo chapín en la época de la colonia cuando aún se hablaban por doquier los idiomas indígenas.

## *METAMORFOSIS*

Del griego **meta,** más allá y **morfé** *(morphe)* forma.

Transformación de una cosas en otra, cambio de un ser en otro.

Cambios de forma o de estructura que sobrevienen en la vida de ciertos animales... ranas, mariposas, etc.

Cuando alguien tiene un cambio grande en la fortuna, el estado o el carácter, también se suele decir que tuvo, o sufrió, una metamorfosis

## ABDOMEN O VEINTRE

**ABDOMEN**.- Viene de **abdere,** que significa encerrar, esconder y de **omen,** que significó vientre, de donde procede nuestra voz **omento**, que equivale a **redaño,** palabras poco usadas ya, pero que significaban la continuación del peritoneo por delante, que forma una especie de bolsa que cubre las tripas.

Siguiendo esa etimología, abdomen es la caja exterior que cubre el vientre, La "caja" en donde el vientre está encerrado. Es pues, la cavidad del cuerpo humano debajo del pecho y encima de las extremidades inferiores.

**VIENTRE, venter** en latín, **enteron** en griego, es el contenido de la cavidad del abdomen, donde se contienen los intestinos especialmente, porque esta palabra tiene casi el mismo significado que **enteron** griego. Así **enteron** como **intestino** expresan la idea de interioridad.

De modo que **abdomen** viene a ser el dibujo exterior del vientre, su parte visible. Mientras que Vientre es el contenido, el interior orgánico que encierra las vísceras mencionadas.

Abdomen es una apariencia, una forma, un contorno.

Vientre es un órgano, una sustancia.

## RICO

Me preguntó un amigo que por qué a una persona con mucho dinero se les decía rica, cuando rica era una comida sabrosa.

RICO.- Adjetivo que significa noble, o de alto linaje o de conocida y estimable bondad. Adinerado, hacendado o acaudalado. Abundante, opulento y pingüe. Muy bueno en su línea.

Del sánscrito *rājan*, rey, pudiente; del godo *rikr* o *rika*, príncipe. Según otros del teutón *reich*, opulento, de gran fortuna, de gran valor, abundante, fértil, etc.

A una comida se le puede aplicar el adjetivo rico cuando es una comida opulenta, abundante, donde hay mucho y de todo... Se podría aplicar a un platillo determinado para indicar que tiene muchas especies, o rica en sabor, muy marcado.

*A rico no debas y a pobre no prometas.* Uno nos puede estar cobrando y el otro nos puede estar pidiendo...

**CRASO.**- Adjetivo. Grueso, gordo o espeso. Unido a los sustantivos error, ignorancia, engaño, disparate y otras semejantes, significa que son indisculpables, que no tienen perdón. Del latín *Crasus,* apellido de unas familias ilustres de Roma antigua.

**PINGÜE.** Adjetivo. Gordo, craso, Abundante; considerable, opulento, hablando de riquezas o haciendas. Lucrativo hablando de empleos. Del sánscrito *piv*, crecer, engrosar; *pivan,* grueso; *pivanas*, pingüe. En griego *piōn,* en latín *pinguis.*

## AUDAZ U OSADO

OSADÍA, viene del latín **audere, ausum**, *de* **ausum** *se formó* **ausare,** aumentativo de **audere,** de donde se derivan las palabras *audaz, audacia y audazmente.*

De manera que la audacia es el término aumentativo de la osadía, por lo que la diferencia entre ambas palabras es la intensidad.

La osadía emprende. La audacia atropella. La osadía no teme.

La audacia no mira. La osadía es casi una virtud social.

La audacia es el secreto de muchas fortunas. Hay quien dice que con el hombre debemos de ser osados. Con la mujer, audaces.

**AUDAZ**. Es osado y/o atrevido.

**OSAR**.- Atreverse, emprender alguna cosa con atrevimiento. Del latín **ausum,** supino de **audere**, atreverse, tener audacia. Esto demuestra que el osado es más atrevido que el audaz. El audaz intenta, el osado invade. La audacia se parece a la resolución. La osadía tiene algo de la desvergüenza y el atropello. Hay ocasiones en que la virtud o la verdad nos impone el deber de ser audaces: nunca hay razón para ser osados. Un dicho latino dice que **la suerte ayuda a los audaces...**

La ley corrige la osadía.

# EMBARAZADA, ENCITA, PREÑADA

Encinta quiere decir va desceñida. Embarazada quiere decir que se mueve con pena, con dificultad con embarazo. Preñada significa la idea de que abulta mucho... encinta es desaliño, Embarazada, obstáculo, Preñada volumen

Embarazo es impedimento, dificultad, obstáculo..

***ENCINTA.***- Del latín ***incincta,*** de ***in*** negación y ***cincta,*** femenino de ***cinctus,*** ceñido, de ***cingere,*** ceñir, (de donde vino el famoso *chingar*).

Encinta, no ceñida... así llamaban a las mujeres embarazadas los romanos. Entre éstos era la ley o costumbre que las mujeres, en cuanto se sentían embarazadas, dejaran de usar el cinto que acostumbraban llevar muy apretado debajo de los pechos... *(Monlau).*

***PREÑADA.-*** Del latín ***praegnatus,*** el embarazo, simétrico de ***praegnatio*** la preñez, o de ***praegnatis***, lo que está por brotar, por producir; y figurativamente, hinchado, lleno. Hablando de la mujer en estado... decían también

**PREÑEZ.** Que significa una amenaza conti-
nua o contingencia de un suceso o de una resolución cuyas consecuencias pueden ser favorables
o adversas.

Como metáfora, significa confusión, dificultad, obscuridad incluida en alguna cosa, que la
da a conocer de algún modo... Latín *pregnatio.*

## *SINO Y SI NO*

*Sino* es un sustantivo ya poco usado que viene de signo, que es señal, indicio o nota de alguna cosa. Cuando se habla del zodiaco es el destino o suerte que, el vulgo cree vanamente que ha de suceder por influjo de los astros. Del latín **signum** señal.

Así pues **Sino** se usa como el destino, la estrella de cada cual, así se dice *es mi sino...*

La palabra **Sino** es más usada como conjunción adversativa, comparando una cosa con otra, se contrapone a ella en proposiciones negativas... por ejemplo: *"no está claro sino muy oscuro..."* También se usa para exceptuar una cosa de otros o entre otras. Por ejemplo: *"Nadie pudo encontrar los errores en el escrito sino el maestro."*

Equivale a solo o solamente después de una preposición negativa, *"No espero sino que te vayas"*.

Cuando sino va precedido de "No solo" equivale a demás o fuera de... Como en *"No sólo porque es inteligente sino por su belleza y buen modo"*.

Sino como conjunción es composición de SI y No, pero no se debe de confundir cuando se usa el Sí condicional seguido de un No, que entonces hay que escribirlas dos palabras separadas... ***si no*** *estaríamos cometiendo un error de* *ortografía.* ***Si no*** *crees, ve el diccionario.*

## PERDONAR

PERDONAR.- Literalmente considerado se compone de *per,* que significa reiteración, muchas veces, y de *donar,* que vale tanto como dar generosamente, sin esperanza de retribución, sin esperanza de pago, de recibir algo a cambio.

*Per-donar* es dar muchas veces, hacer favor, gracia, ser generoso, espléndido.

La raíz de perdonar viene del latín *don, donum, en* griego *dorón, doma* don, regalo... Teodoro y Doroteo dignifican regalo de Dios.

Del griego *dorón* y *doma* se formaron *didoó* y *didomai,* que significa dar.

Perdonar se dice que es remitir una deuda o una injuria... y aquí se usa remitir no como enviar o volver a enviar, sino con el sentido de suspender, dejar aplazar, restarle intensidad a la injuria o a la deuda. Olvidar dicen muchos, pero se puede perdonar sin olvidar.

La palabra *don* pasó después a ser título honorífico, *don Mario, son José, don Pedro,* en significación de *donar*; el rico, el que tiene hacienda es el que tiene el don.

El vulgo ha dado a esa palabra otra etimología, si no cierta sí ingeniosa al decir que *don* viene de *din*, y quien dice *din* dice dinero.

Del mismo origen de *don* de donde viene perdonar vienen muchas otras palabras, como

**abandonar...** dar a bando, a la multitud, al público, retirar el cariño y la ayuda, echar a la calle..

## *HARTO Y AHITO*

*HARTAR*.- El verbo significa satisfacer, saciar el apetito de comer o beber. Se usa también como recíproco, *hartarse*. Como metáfora se usa como satisfacer el gusto o deseo de alguna cosa. *"Me harte de sus desdenes"* También como metáfora se usa como: *Fastidiar, cansar "ya me hartaste con tus chismes"* Junto con algunos nombres y la preposición *de,* significa *dar, causar* o *producir* abundancia o muchedumbre de lo que explican los nombres con que se juntan, y así se dice *hartar a uno de palos,* de *vergüenzas,* etc.

Del latín del latín *fartus*, o *farctus*, relleno, saciado...del verbo *farcire.*

*Harto* como adjetivo significa, *bastante, sobrado...* como adverbio significa *sobradamente, "Harto ayuna quien mal come". "Bien canta Martha después de harta"* dicen unos dichos...

Hay quienes usen *AHITO* o *Ahíto* en lugar de harto, por elegancia, pero *ahíto* es forma a del verbo anticuado *ahitar,* que significaba más bien el malestar estomacal sea por la comida abundante o difícil de digerir.....

*HARTO,* lleno con satisfacción.

*Ahíto*, lleno con malestar...

## MAESTRO

Tiene muchos significados: el que enseña alguna ciencia, arte u oficio. El que es práctico en alguna materia y la maneja con facilidad. *Maestro sastre...* El que tenía el grado mayor en filosofía en alguna universidad. Los compositores de música, etc.

Se usa en masculino y femenino y se aplica también a las cosas. Así se dice *La historia es maestra de la vida,* o de algunas obras se dice que son *obras maestras...* una obra maestra de la literatura, de la arquitectura, etc...

*Maestro de ceremonias*.- El que advierte las ceremonias que deben observarse con arreglo al protocolo y usos autorizados. Hay *Maestro de cocina, de Escuela, maestro albañil...*etc... hasta llegar al *Divino Maestro...*

**Etimología**.- Del latín *magister,* del adverbio *magis,* más, significando plenitud, dignidad, excelencia, y el sufijo *ter,* griego *teros,* sánscrito *tara,* que es un sufijo de contraposición, es decir, para que haya un magis, debe haber un *minus* y de minus viene minister, ministro...

El que estaba al frente de un taller u oficina, el que dirigía, era el maestro. El último, el mandadero, el que ministraba, era el ministril o ministro... ¡Cómo han cambiado las cosas ahora de minister... Ministro de Educación dependen los maestros...

En inglés cada viejo es un *mister... maestro,...* En español somos nomás *señor, senior, viejo, anciano...*

## CHOVINISMO

Nombre que se da al patriotismo exagerado, inflexible, y ridículo y a veces hasta falso. Es lo que en castellano se llama *patriotería,* a veces "barata".

El término chovinismo viene del francés, en cuyo vocabulario entró gracias a Nicolás Chauvin, un soldado exagerado en su pasión por todo lo francés y por la admiración que sentía por Napoleón en quien veía la quintaesencia de Francia.

Chauvin era bravo en la batalla, fue herido diecisiete veces. En 1830 se hizo célebre por una comedia, *"La Cocarde tricolore"*, de los hermanos Cogniard, que fue representada innumerables veces.

Francia es la patria del chovinismo, porque allí presenta características distintas del patriotismo de otros países. Un inglés, un japonés, un alemán por ejemplo, dirán: *"Esto es inglés o japonés o alemán, por lo tanto es bueno".* El francés por su parte, dirá: *"Esto es bueno, luego tiene que ser francés".* A menudo este comportamiento es conocido también con el término 'patriotismo', pero cuando es esa creencia absurda y narcisista, que raya en la paranoia y a la mitomanía, al pensar que todo lo propio del país de origen o de la región a la que pertenecemos no sólo es bueno, sino que no puede haber nada mejor... eso es *"chovinismo"*

## *PIZCA*

De la palabra piel se formaron palabras como pellizcar, pellizco, pizcar, pizco, todas las cuales tienen un significado casi idéntico.

Como el *pizco*, o sea la porción de piel que cogemos con los dos dedos ha de ser pequeña, la palabra pizca vino a ser sinónima de miga, o de migaja. Cuando decimos *"no he comido ni pizca"*, queremos decir que no hemos comido ni la porción que se puede coger con dos dedos; es decir no he comido nada. Si decimos *"No sabe ni pizca de gramática"* es un poco más rebuscado porque no es algo que se pueda agarrar entre dos dedos, pero se usa, metafóricamente

Pizcar, pellizcar, coger, tomar un pedazo pequeño de algo, según uno vienen del latín **vellicare...** pellizcar... de **vellus, velleris** el cutis, la piel con el vello. Pero según otros viene de **Pellis**, piel, lo cual parece más lógico.

**Pizzicato** es un término musical que indica que las cuerdas no se han de tocar con el arco sino pellizcadas... *pizzicando*, pellizcando, pizcadas...

**Miga** es la parte interior y más blanda del pan que está rodeada por la corteza. De miga se forma migajón, el pan sin cáscara.

*Migaja* es la parte más menuda y pequeña del pan que suele desprenderse y saltar al partir el pan. *No fijarse en migajas* es no fijarse en pequeñeces

## BUROCRACIA

Burocracia es un término derivado de latín y francés "bureaucratie", y significa gobierno (cratie) en la oficina (bureau).

*Bureau*, palabra del francés que significa, mesa, escritorio. El buró, en partes de México es una mesa de noche al lado de la cama.

*Kratos* en griego significa Poder autoridad...

Cuando se acuño la palabra burocracia en la Francia del siglo XVIII, significaba todas las reparticiones públicas y también significó el poder y la acción de los empleados en las oficinas y cualquier otro entorno de trabajo.

Cuando predomina el aparato administrativo en el conjunto de la vida pública o de las empresas privadas se dice que *hay mucha burocracia.* Es cuando el gobierno es ejercido por funcionarios, de oficina, *"la tiranía del funcionario"*, carente de imaginación, conocimiento de la realidad. Desprecia al pueblo por considerarlo inferior.

*Burocracia* también se usa peyorativamente, cuando se habla de los trámites de un proceso, por ejemplo, para abrir una empresa, para llevar un caso a la justicia, para emitir documentos originales, etc. Se asocia la burocracia con ineficiencia, pereza y derroche de medios. Burocracia crea burocracia... y algunos, (¿envidiosos?)hasta le dicen *"burrocracia"*

## EFEMÉRIDES

Efemérides.- Del griego *ephémeris,* diario. Palabra compuesta de *epi,* en y *hemera,* día, en el día.

Se le llama *efemérides* al libro o comentario en que se refieren los hechos, fenómenos o sucesos de cada día.

*Efímero*, del griego *ephemeros*, de un día, lo que tiene la duración de un sólo día.

## PARAÍSO

La idea que la mayoría tiene de paraíso es la de un vergel o huerto precioso con todo tipo de árboles frutales, flores y plantas silvestres. Y es que el origen de la palabra viene desde los caldeos que a un lugar así le llamaron *paradés,* luego los griegos le pusieron *paradeisus*, y los latinos *paradisus,* para los italianos es *paradiso,* los franceses *paradis* y los españoles *paraíso.*

**EDÉN.-** Esta es otra palabra muy relacionada a la anterior y la cual se deriva del hebreo *eden* o *aden*, que entra en formación en la palabra Jordán de *jor*, arroyo y de *eden* o *aden,* que significa delicia, lo cual conjuntando palabras y significados sería algo así como *arroyo o río delicioso.*

El edén ha pasado a la religión árabe, queriendo decir para el musulmán, lo que los campos elíseos, o el empíreo querían decir para los griegos; lo que la bienaventuranza, el cielo o la gloria quieren decir para los cristianos. Desde esa perspectiva *Paraíso es tradición,* en cambio *Edén es esperanza.*

El Paraíso tuvo pecadores, el Edén tiene almas dichosas..

Como metáfora suele llamársele 'paraíso' a cualquier sitio o lugar que sea ameno o agradable, e incluso a alguna cosa deliciosa: ¡Esto es un paraíso!

## ALMANAQUE

Almanaque viene del árabe, del artículo **al** y del nombre **manah**, que quiere decir cómputo o cuenta, porque el almanaque es realmente la cuenta del tiempo.

Calendario viene de calendas, *calendae* en latín, así se le llamaba al primer día de cada mes.

Calendae es derivado de calare, **kalein** en griego, que equivale a llamar, porque uno de los pontífices menores juntaba al pueblo en el Capitolio el día primero (calendae) de cada mes y les anunciaba o recordaba las fiestas y sacrificios que debían de celebrarse durante el mes, y les decía los días que debían de transcurrir hasta las *nonas*, repitiendo en voz alta la palabra calo, *kaló "Yo llamo"* tantas veces cuantos eran aquellos los días antes de las *nonas.* Porque las *nonas* en unos meses eran el día 5 y en otros el día siete; igual que los idus eran el día 13 en uno meses y en otros el día 15. De manera que la palabra *calendario* significa más bien la idea de solemnidad, o de celebración, ceremonia, *almanaque* expresa directamente la idea de cómputo astronómico. Por lo que, *Calendario* se refiere más a ritos, celebraciones, mientras que *Almanaque* habla de ciencia...

## PIROPO

**Piropo.-** La palabra significa Rojo pasión. **Py-ropus** en griego es el color brillante, y se le llama así también a una variedad del granate: *rojo pasión.*

La palabra viene de **pyro,** fuego. Con esa palabra los romanos denominaban a los rubíes por su color.

Como hoy se acostumbra regalar diamantes, antiguamente, como símbolo del corazón. Puede ser que por el color tenga más simbolismo el rubí, pero por el valor es más apreciado el diamante.

De cualquier manera, el rubí y su nombre es el origen de los requiebros, lisonjas, zalamerías o halagos que hoy llamamos "piropos", aunque tengan que ver poco con joyería.

De manera que aunque un piropo hoy en día no es la piedra fina, especie de granate transparente de color rojo fuego, sí encierra algo de pasión y fuego, pero más sentimental que relumbrón de luz... y algunos piropos sí ponen el color rojo rubí en las mejillas de las halagadas.

Del griego **pyropos** de **pyro**, fuego, y **ops**, vista. Como metáfora es una lisonja amorosa, requiebro apasionado y ardiente. Los hay vulgares: *"Ay, chula, usted con tantas curvas y yo sin frenos",* pero también los hay ingenioso y de buen gusto. .....

## ORGÁNICO

Del Sánscrito *vraj,* que significa obrar, que pasó al griego como *ergo*, por *vergo*, yo obro, *ergon,* obra; *órganon,* instrumento; latín *organum*.

La palabras órgano y orgánico se aplican a muchas y variadas cosas.

*Compuesto orgánico,* se les llama a sustancias químicas basadas en carbono e hidrógeno generalmente de origen animal o vegetal. *Alimentos orgánicos*, se llama a los cultivados siguiendo métodos tradicionales, sin sustancias sintéticas ni tóxicas. Sinónimo de alimento ecológico, sin abonos químicos ni herbicidas ni más.

Cuando el adjetivo calificativo "orgánico" se refiere a lo que tiene vida, quiere decir que están compuestos por carbono (C) e hidrógeno (H) que, junto con el oxígeno (O) y el nitrógeno (N), son integrantes esenciales de los seres vivientes. Constituyen el famoso CHON, por sus iniciales. Entendemos también por orgánico a una sustancia o compuesto que se destruye o desaparece por completo sin intervención del ser humano, tan solo con el paso de tiempo.

Orgánico y organismo es lo que está organizado en partes separadas que cumplen una función determinada y que están relacionadas entre sí: *los códigos de leyes deben ser conjuntos orgánicos.*

**Organizar...** hacer que se trabaje en conjunto.

*Órgano de difusión... órgano de la digestión....*

## FORNICAR

La palabra fornicar procede del latín *"fornix"* *(fornice)* que representaba la zona abovedada de ciertas edificaciones en el antiguo Imperio Romano. El "fornix", bóveda, era el lugar situado bajo los puentes, callejones u otros edificios, donde habitualmente se encontraban las prostitutas de la época romana con sus clientes. Así, las prostitutas mantenían relaciones sexuales en este lugar con total tranquilidad, reconociendo socialmente que esos encuentros se producían sin vínculo conyugal. De ahí que la Iglesia se haya referido posteriormente a este término para asociar todas las relaciones sexuales ilícitas, esto es, las que se producían fuera del matrimonio.

*El fornix*, o más bien lo que se hacía bajo el *fornix,* en plural *fornices* es lo que se conoce como fornicación, donde los clientes romanos obtenían placer a cambio de unas monedas. Había otros lugares también, donde trabajaban prostitutas, pero bajo los puentes, era conveniente y barato... y de *"vamos bajo el fornix"* y *"trabaja en los fornices"* poco a poco se fue asociando el acto con la palabra del lugar y resultó nuestro *"fornicar"* que traducido a lenguaje moderno sería *"motelear"*

La primera persona que registró esta palabra en castellano fue el historiador Alfonso Fernández de Palencia, en su *"Vocabulario"* de 1490.

# *KERMESSE*

*Kermesse,* es un término que vino de la lengua holandesa, derivado de *'kerk'*, iglesia y *'mis'*, misa y pasó a varios idiomas significando originalmente la misa por el aniversario de la Fundación de una iglesia (o la parroquia) y en honor al santo patrono. Estas celebraciones se acostumbraban en los países bajos y también en el norte de Francia. Eran acompañadas con banquetes, baile y deportes de todo tipo. La pintura de arriba es de 1628 y se trata de una kermesse ("La kermesse de San Jorge") en Bruselas, Bélgica

En países latinos, como México, Perú, Bolivia, Argentina y Chile, al igual que en los Estados Unidos, se le llama Kermesse especialmente a un evento-fiesta organizado por alguna parroquia, escuela o algún grupo de caridad para recaudar fondos. Se venden comidas y bebidas, hay diversos juegos, una cárcel a la que se cae aunque sea sin motivo, pero se tiene que pagar una pequeña multa por salir. Por lo general hay un registro civil y se "casan" a las parejas por poco dinero, pero por diversión. Hay rifas y premios, todo a beneficio de una causa.

# DIGITAL

*Dígito*. Cualquiera de los números simples desde uno hasta nueve... La palabra viene del latín *digitus*, el dedo, también se le llama así a la duodécima parte de una onza.

*Digital* se refiere a cualquier sistema basado en datos o eventos no continuos. Las computadoras, por ejemplo, son máquinas digitales porque en su nivel más básico pueden distinguir entre dos valores, *0* y *1*, o encendido y apagado.(*on* y *off*) En un sistema digital no hay ninguna forma sencilla de representar todos los valores intermedios, como 0.25. Todos los datos que procesa una computadora deben ser codificados con dígitos, tener un valor específico, como una serie de ceros y unos. Lo contrario de digital es analógico. Un típico dispositivo analógico es un reloj tradicional en el que las manos se mueven continuamente alrededor de la cara, siendo capaz de indicar a cada momento del día, mientras que un reloj digital se mueve a brinquitos, es capaz de representar solamente un número finito de veces (cada décima de segundo, por ejemplo).

En general, los seres humanos experimentamos el mundo analógicamente. La vista, por ejemplo, es una experiencia análoga porque percibimos infinitamente suaves gradaciones de colores y formas. Sin embargo, la mayoría de eventos analógicos pueden ser simulados digitalmente. Las fotografías en los periódicos, por ejemplo, consisten en una matriz, un tapiz de puntos que son negros o blancos. Desde lejos, el espectador no ve los puntos (el formato digital), sólo líneas y sombreado, que parecen sin interrupciones. Aunque las representaciones digitales son sólo aproximaciones de hechos análogos, son muy útiles porque son relativamente fáciles de almacenar y manipular electrónicamente y así es como se manejan datos. Análogo, es continuo... Digital es intermitido. El truco está en la conversión de analógico a digital y viceversa.

## TALABARTE

*"Los talabarteros"...* en mi pueblo hay una familia a la que conocemos con ese apodo, porque curtían pieles y hacían sillas de montar y otros productos de piel, pero nunca supe yo, hasta hoy, que el nombre vine de hacer *Talabartes...* ¿Qué es eso".

*Talabarte* es la pretina que ciñe la cintura y de que se cuelgan los tiros, o tiras en que se trae asida pendiente la espada. Proviene del latín. Algunos dicen que de *talea,* trozo de madera con que se asegura la unión del muro interiormente, y *bateus,* cinturón. Pero más probablemente venga de *tellum* espada y *bateus* cinturón... de modo que *Talabarte* es el cinturón para colgar la espada y *Talabartero* es el que fabrica talabartes y otras obras de cuero.

*Talabartería* es el taller donde se hacen los talabartes o la tienda donde se venden talabartes y productos de cuero...

*TAHALÍ.-* También para colgar la espada, pero esta se cruza desde el hombro derecho hasta la cintura del lado izquierdo, donde se juntan los dos rabos y se pone la espalda. Del árabe *talic.* Suspensión.

Otra palabra antigua de los pueblos es **TLA-PALERÍA.** Lugar donde venden pintura y algo más, pero la palabra viene del Náhuatl *tlapalli* y significa color para pintar, por lo que está asociada con pintura. Lo negocios se anuncian como **"Ferretería y tlapalería"**...Porque son distintas cosas.

## ALBAÑIL

**Albañil**.- Es un oficial que trabaja en la construcción de casas u obras semejantes.. viene del árabe **al-banni** derivado del verbo **bana** edificar.

La albañilería se define como el arte de construir edificios u obras con ladrillo, piedra, cal, arena, yeso, etc.

# EMBELESADO

**Embelesar.-** Suspender, arrebatar los sentidos; se usa también como recíproco, *embelesarse.* De *embeleñar*, que es adormecer con hierbas, especialmente el *beleño* que es una planta narcótica, especialmente las raíces..

Beleño puede venir del árabe *embelleh* que equivale a entontecer.

**EMBELESO.-** Es pasmo, suspensión grata de los sentidos; ni oyes ni sientes, ni ves, ni... también se le llama embeleso no solo al estado sino al objeto que lo causa.... "Ese lugar, esa muchacha, *¡es un embeleso!"*

Según los clásicos el embeleso puede consistir y ha consistido muchas veces en un artificio oculto en que interviene hasta la idea de hechicería.. *lo tienen embelesado* equivaldría al tenerlo *embrujado.* Realmente es un "hechizo" que ocasiona un estado de ánimo, una fuerte imaginación que nos deja sin movimiento; que nos priva del uso de nuestros sentidos; que nos pasma, que nos suspende, eso es lo que llamamos un embeleso, aún cuando nos cause molestia, aún cuando nos cause dolor. Eso sería en el caso de los que se embelesan con beleño.

*"Embeleso es la suspensión y pasmo que ocasiona en el ánimo alguna fuerte imaginación,*

*dejando sin movimiento y aun sin sentido, al que lo padece..."* Así se leía desde 1726 en el ***Diccionario de autoridades.***

## METÁFORA

Tiene parentesco con metamorfosis por empezar con meta... y venir del griego ***Meta,*** más allá y del verbo ***fero,*** llevar. Trasladar.

Es una figura literaria por la cual se cambia o transporta el sentido de una palabra a otra, mediante una comparación mental. En realidad una metáfora viene siendo una comparación larga en la que se suprimen los términos de la comparación y las explicaciones. La palabra adquiere un sentido figurado.

Decir que ***estás en la flor de la edad*** es una metáfora. Se compara la edad en que las plantas florecen con tu edad. *Las perlas del rocío, la primavera de la vida, y refrenar las pasiones,* son ejemplo de metáforas.

# VANDALISMO

*VANDALISMO*. Devastación propia de los antiguos vándalos. Hoy se aplica al espíritu de destrucción y desolación que no respeta cosa alguna, sagrada ni profana.

*VÁNDALO* el que comete acciones o profesa doctrinas propias de la gente inculta, forajida y desalmada... del germánico *wandle*...

*Los vándalos* era una confederación de pueblos situados al oriente de la Germania, Se mencionan por primera vez en la historia, cuando acompañaron a otras tribus en la guerra contra el emperador romano Marco Aurelio.

Unidos los vándalos a los godos y gépidos invadieron Dacia (vieja región europea) en tiempos de Probo, mucho después invadieron la Galia, unidos con los suevos y alanos y de allí pasaron a España, y desolándola y fueron a parar al norte de África.

*Genserico* fue rey de vándalos y alanos entre 428 y 477. Fue pieza clave en los conflictos ocurridos en el siglo V en el Imperio romano de Occidente, y durante sus casi cincuenta años de reinado elevó a una tribu germánica relativamente insignificante a la categoría de potencia mediterránea, hasta con 80,000 vándalos. Saqueó Roma el año 455.

Voltaire fue de los primeros en resaltar que los vándalos eran muy dados a los saqueos... más que los mongoles de Gengis Kan o los unos de Atila, y así nació el término *vandalismo.*

*TAUMATURGO.-* del griego *thauma, thaumatos*, maravilla, prodigio, cosa extraordinaria, y ergon, obra, el obrador de milagros, de maravillas

## INTEGRAL

**ÍNTEGRO.-** Aquello a lo que no le falta ninguna de sus partes. Metafóricamente se le llama íntegro, a una persona desinteresada, recta, proba.

Del latín *intger*, por *intǎger* de *in*, no y el antiguo *tagire,* tocar. Integro es, pues, lo entero, tal como debe ser por razón de su naturaleza. **ÍNTEGRO** e **INTACTO** significan lo mismo, *íntegro,* lo que no ha sido tocado, cambiado; *intacto* lo que permanece integro, sin cambio.

**INTEGRAR,** verbo activo que significa dar integridad a una cosa, es decir, componer un todo de sus partes integrantes... Del antiguo *reintegrar...* Del latín *integrare*, renovar, restaurar, restituir a su primer estado, forma verbal de *integer.*

**INTEGRIDAD.-** Perfección que constituye las cosas en el estado completo que deben tener sin que les falte nada. Metafóricamente se llama integridad a la calidad de una persona completa, desinteresada y virtuosa... *integritas* en latín.

**INTEGRANTE.-** Participio de integrar. El que integra, integral. Parte integrante de un todo pero que no llega a ser la constitución esencial del todo, de tal suerte que el todo puede existir sin esa parte integrante... Así el trigo puede existir, sin el germen de trigo, pero un pan integro debe de llevar el germen de trigo, todas la partes integrantes del trigo...

# MESES DEL AÑO

Los nombres de los meses vienen del calendario Juliano, usado desde el año 46 aC. por los romanos. El Calendario fue actualizado por el papa Gregorio XII en 1582, y aunque en esa fecha, de la noche a la mañana desapreciaron 10 días y del día 4 de octubre amaneció el día 15, se siguieron conservando los mismo nombres de los meses. Pero ¿de dónde vienen los nombres de los meses?

**ENERO**.- *Ianiarius*, este mes de lo dedicaban los romanos a Jano (*Ianus*) Dios al que representaban con dos rostros, como las caras de una puerta (ianua)  porque veía el pasado y el futuro...

**FEBRERO**.- De *februarius*, de *februare*, purificar. En ese mes había una fiesta de purificación, en laque los sacerdotes golpeaban a la gente con unas varas *(februm)* para purificarlas.

Después la iglesia cristiana pondrá en este mes la fiesta de la purificación de la Virgen, el dos de febrero día de las candelas, o de la Candelaria.

**MARZO**.- *Martius* mes dedicado al dios Marte, dios de la guerra, era el primer mes del calendario romano.

**ABRIL**.- *Aprilis*, de *aprire*, abrir, porque en ese mes empieza la primavera en Roma y comienza a desarrollarse la vegetación y a abrirse las flores…

**MAYO**.- Del latín *Maius*, tal vez derivado de una diosa llamada **Maya**. El primer día de este mes plantaban un árbol llamado *maio*, símbolo de la primavera

*¿De dónde se originan los nombres de los meses del año?*

*JUNIO. De iunius joven, junior. Era el cuarto mes de los romanos y ahora el sexto, medio años.*

**JULIO**.- Viene de iulius, en honor a Julio César, que fue quien modificó el calendario. Antes de la modificación este mes se llamaba **quintilius**, mes quinto, contando desde marzo que era el primer mes del año romano.

**AGOSTO**.- Del latín Augustus, en honor al emperador Augusto. Antes se llamaba **sextilis** por ser el sexto mes. Después de que Julio César nombrar un mes en su honor, los amigos de Augusto no quisieron que éste fuera menos y nombraron el sexto mes **augustus**. Se dice que Julio César le añadió un día más a Agosto, pero otros dicen que fue Augusto el que no quiso que su mes tuviera menos días que el de Julio César y así es como se juntan dos meses de 31 días en el año.

**SEPTIEMBRE.-** Simplemente del latín *septem,* siete, *september* por ser el séptimo mes. Se dedicaba al dios Vulcano.

**OCTUBRE.-** De *octo*, ocho, *october,* octavo mes.

**DICIEMBRE.-** De *decem,* diez, *december,* décimo mes del año. Estaba dedicado a Vespa, diosa del fuego del hogar. Se representaba este mes con un esclavo llevando una antorcha encendida en alusión a las fiestas *Saturnalia*, siendo la fiesta principal el 25 de diciembre. Para acabar el paganismo y facilitar la conversión al cristianismo la iglesia católica decretó que en esa fecha se celebraría el nacimiento de Jesucristo.

## DIAS DE LA SEMANA

**LUNES.-** Luna *dies.* Día de la luna. El primer día de la semana los dedicaban a la luna, porque era importante, no sólo en su influencia en las personas, sino en la medida del tiempo. Aún hoy, muchos pueblos se rigen por el año lunar, incluso dentro el calendario litúrgico de la iglesia cristiana la cuaresma no cae en la misma fecha todos los años porque se rige por el año lunar. El Domingo de Resurrección debía ser, por norma, el domingo siguiente a la luna llena después del Equinoccio de Primavera.

**MARTES.- *Martis dies.*** El segundo día era dedicado al dios de la guerra, a Marte.

**MIERCOLES.-** No menos importante era el dios Mercurio, dios del comercio, y por eso se da el nombre de ***Mercuri dies*** para el tercer día de la semana.

**JUEVES.- *Jovi dies****,* día de Júpiter, el equivalente al Zeus griego. El padre de los dioses.

**VIERNES.- *Veneris dies,*** dedicado a la diosa Venus. Era diosa de los jardines, pero hacia el siglo II aC se le identificó con la Afrodita griega y Venus se convirtió en la diosa del amor.

**SÁBADO.-** El nombre es de origen hebreo, significa descanso y es el fin de semana para a los judíos. En Israel es lo que el domingo es para nosotros.    Antes estaba dedicado a Saturno quedó ***Satur (n) day...***

**DOMINGO.- *Dominicus dies****,* día del señor, dedicado por los pueblos cristianos a celebrar el día de la resurrección del Señor. Por muchos años fue el día del sol, hasta que el cristianismo le cambió el nombre, aunque prevalece en muchos países como ***Sun day...***

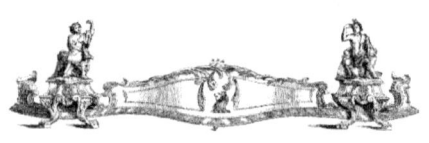

## ACUITARSE

No te acuites, pero cuando dices no te "agüites" está mal dicho, el verbo agüitar no existe.

El verbo es **acuitar**, poner en apuro, afligir, estrechar, *acuitarse por una desgracia.*

**Cuita** es un término anticuado que significa aflicción, trabajo, angustia. Ansia, anhelo, deseo vehemente. Viene del verbo cuidar...

**Cuitado.-** afligido, miserable. En sentido metafórico sinifica apocado, de poca resolución, poco ánimo...

**Cuitar***.* Es un verbo activo anticuado, equivale a incomodar.

**Acuitarse***. (Agüitarse* está mal dicho*)* Es un recíproco, anticuado también. Significa, darse mucha prisa, apurarse, anhelar alcanzar algo. Viene de cuita, de *cuidar...*

Puede ser que los viejos se acuerden que en algunas partes de México para dar el pésame a alguien se le decía: *"¿Cómo le va de cuidados"* Hoy dicen *"No te agüites"*

## *RENUNCIAR*

es un verbo activo, dejar voluntariamente, apartarse de alguna cosa que se tiene, o del derecho y acción que se puede tener. No querer admitir o aceptar alguna cosa que se propone o dice. Despreciar o abandonar. En algunos juegos de naipes no servir al palo que se juega teniendo cartas de él.

Del latín **renuntiare,** anunciar de nuevo, de **re,** segunda vez y **nuntiare,** anunciar. Francés *renoncer*; italiano **rinunziare.**

El derecho canónico habla de renunciar... Se usaría para dejar puestos obtenidos por elección. Los papas renuncian, no dimiten ni abdican.

**DIMITIR.-** Verbo activo, renunciar, dejar alguna cosa como un empleo o una comisión, etc. Del latín **dimittere**, renunciar. del prefijo **di** y **mittere**, enviar abandonar dejar...

**ABDICAR.-** Verbo activo. Dejar, renunciar enteramente. Se dice hablando de las dignidades soberanas, como la corona, el imperio. . Renunciar de su propia voluntad el dominio, propiedad o derecho de alguna cosa.  De **ab,** separación... (Prefijo separativo) y **dicare,** dedicar, ofrecer Hacer un voto, dar notoriedad a los hechos.  se usa casi exclusivamente al hablar de autoridades soberanas...

## PAGANO

En la Roma antigua, la minoría cristiana estaba constituida, en gran parte, por la población urbana, hasta el punto de que los no cristianos fueron llamados «paganos» es decir habitantes de los «pagus» o propiedades rurales y es precisamente en las ciudades en donde, en todo tiempo y lugar, reside la administración y reina la burocracia.

***PAGO***.- el distrito determinado de tierras o heredades, especialmente de viñas. *Pagus* campo aldea. Finca o heredad, especialmente se decía de una viña. Hoy se les dice paganos a los pueblos politeístas, al infiel no bautizado... Se habla de un filósofo pagano, un templo pagano... etc. lo que no sigue la religión y al dios de la mayoría, pero en un tiempo los *paganos* nomás eran rancheros

## EMINENCIA

Atura o elevación del terreno. Como metáfora excelencia o sublimidad que es como más se usa. Titulo de honor que se da a los cardenales en el cónclave habrá muchas eminencias... del latín *eminentia... eminente.*

*EMINENTE* es alto, elevado, que descuella sobre los demás. Como metáfora se dice de lo que sobresale y se aventaja en mérito, precio, extensión u otra cualidad.

Del latín *eminens, eminentis...* participio de presente de *eminere* aventajarse, salir fuera, dejarse ver; compuesto de *ex* fuera y *minere*, amenazar ruina, derivado de *minax*; comba o barriga de una pared, en relación directa con el plural *minae,* conminaciones, amenazas

*EMÉRITO.-* Se llamaba *emeritus,* entre los romanos a los soldados que habían cumplido bien su servicio y se retiraban de los combates.

Del latín *emeritus,* participio pasivo del verbo *emereri,* que significa merecer bien; compuesto de *ex,* fuera y *mereri,* ser acreedor.

Se llama emérito a un jubilado...y así se dice: *profesor emérito, obispo emérito*

.

**JUBILAR.-** Eximir a alguien del trabajo y funciones de su empleo por avanzada edad o enfermedad, conservando todo o parte de su sueldo que disfruto y sus honores o los del grado superior.

Del latín *iubilare*, alegrarse... *iublilatio*, que sería jubilación, significa aclamación, gritos de alegría.

...También se dice jubilar para indicar que se desecha por inútil una cosa y ya no se sirve de ella.

## *ARROGANTE*

Adjetivo. Altanero, soberbio, pero también se dice del que es valiente, brioso, gallardo, airoso...

Del verbo latino *arrogare,* atribuirse, apropiarse, compuesto de *ar, (por ad)* y *rogare,* pedir con insistencia. Generalmente se refiere a cosas inmateriales, como el atribuirse cualidades, facultades y jurisdicción que no le pertenecen

## PELADO

Del latín *pilatus*, de *pilus,* pelo. Que ha perdido el pelo. Se aplica a algo que no tiene piel, que le falta algo fundamental, como *un campo pelado* o pelón, *hueso pelado*; alguien sin dinero, sin recursos *está pelado*. **Pelado y Peladillo** se usan como sinónimos de desvergonzado, pero sin llegar a ...

**Lépero.-** El término lépero se deriva de lepra del griego **lepros,** áspero escamoso. En Cuba significa astuto y ladino. En Ecuador arruinado. En México grosero, indecente, la gente más baja de la plebe. **Leperada** es una acción impropia de un hombre decente.

### PLEBE

**Plebe.** En Roma *plebe* eran las clases del pueblo que no eran patricios. Aunque había varias clases sociales la gran división era: Patricios y Plebeyos.

La plebe era lo que entendemos por pueblo bajo, los carentes de recursos materiales y espirituales o intelectuales para escalar a clases sociales superiores. *Populacho*.

Del latín **plebs, plebis,** derivado de la raíz sánscrita **par pri,** llenar; en griego **plethos,** la muchedumbre, la plenitud.

**PLEBEYO.-** Lo que es propio de la plebe o pertenece a ella. Sujeto que no es noble o Hidalgo *(hijo de algo, de alguien importante)* en latín se decía **plebeius.**

## VEROSIMIL

**Verosímil.-** También se usa verisímil. Del latín **versisimilis,** de **verus,** verdadero y **similis,** semejante. En italiano se dice *versimile* y en francés *vraisembable*.

Significa algo que parece verdadero, que puede creerse. Lo contrario es **inverosímil** , que no se puede creer, porque no parece verdadero.

**Verosimilitud** (verisimilitud) En latín *verisimilitudo;* en italiano *verisimilitudine;* en francés *vraisemblance*

**Simil.**- *semejante*

## PERPLEJO

**Perplejo** quiere decir Irresoluto, vacilante, confuso. Se puede estar perplejo ante una dificultad, cuando no se sabe qué hacer, cuál camino tomar, o una situación ante la cual no sabemos cómo reaccionar. Dudoso, incierto.

Del latín **perplexus,** compuesta de **per,** en grado sumo, muy y **plexus,** pliegue, forma de **plectere,** plegar, perplejo sería "muy plegado"En italiano se dice *perplesso,* **e**n francés *perplexo* y en inglés *perplexed.*

## PARADOJA

**Paradoja.-** Especie extraña o fuera de la común opinión y sentir general de los hombres. Aserción falsa o inexacta que se presenta con apariencias de verdadera. Opinión contraria a la común. Contrasentido.

Del griego **paradoxos** de **para,** al lado, contra, y **doxa** opinión. En inglés *paradox,* en italiano *paradosso*, en francés *paradoxe.*

Cuando decimos *"**puso todo su esfuerzo en no esforzarse"*** es lo que se llama un **paradojismo.**

**Aserción,** significa afirmación, del latín **assertio.**

**Asertivo** quiere decir afirmativo.

## ENVIDIA

Tristeza o pesar del bien ajeno. Cuando es emulación o un deseo honesto de ser o tener lo que el otro tiene no se puede llamar envidia, más bien la envidia es desear ser o tener lo que tiene el otro, pero sin que el otro lo tenga. *Si la envidia tiña fuera, ¡qué de tiñosos hubiera!*

**TIÑA.**- Del latín **tinea,** polilla, parásito que ataca las colmenas. Enfermedad producida por diversos parásitos en diferentes partes del cuerpo, pero sobre todo en la cabeza.

**PARÁSITO.**-Del griego **para,** al lado y **sitos** trigo, que aquí se usa como pan, comida... el que se arrima a otro para comer a costa ajena. Persona que vive a costa de los demás. Animal o planta que vive a expensas de otro animal o planta.

## PARDIEZ!!

Pardiez... Del francés **par Dieu,** que en francés quiere decir **por dios...** Pero como Manolo y Venancio no *prenunciaban* bien el francés apareció el ¡Padiez!, pero el significado es ese: **¡Por Dios!**

# DESVARÍO

Dicho o hecho fuera de concierto. Accidente que sobreviene a algunos enfermos de perder la razón y delirar.

Como Metáfora, se usa para designar una monstruosidad, una cosa que sale del orden regular y común de la naturaleza.

Desigualdad inconstancia y capricho. Antiguamente se usaba como desunión, división y disensión.

La palabra viene del prefijo intensivo **des** y **variar...** Variar mucho, errar con mucho...

**Desvariar** es diferenciar, variar, desunir, o desviar. Decir locuras o despropósitos, apartarse del orden regular...

**Delirar.-** Significa salirse del surco (de la razón),    desviarse del camino recto; y figurativamente, se dice del hablar fuera de buen sentido.

La palabra viene del latín   se compone del **de** negativo y **lira** surco

# *DISCERNIR*

Verbo activo... Distinguir una cosa de otra por la diferencia que han entre ellas. Distinguir y comprender la diferencia de las coas por medio de los sentidos.

Del latín. *Discernere...* conocer la diferencia de las cosas del prefijo *dis* y *cernere* cerner.

*Discernere alba et atra,* distinguir lo blanco de lo negro.

*Discernir y distinguir.* Discernir es un acto puramente mental: distinguir es un acto mental, que puede ser verbal igualmente, en cuyo caso la *distinción* es la expresión del *discernimiento.* Como actos puramente mentales, discernir supone más claridad y prontitud en la percepción; y distinguir, más finura y sutileza. Antes de distinguir, se discierne. Para distinguir lo verdadero de lo falso, se necesita a veces mucho discernimiento. Esto quiere decir que el discernimiento es el medio lógico de la distinción; y que la distinción es el resultado general del discernimiento.

# MUSULMÁN

**Musulmán.-** Nombre que se da a los mahometanos y que entre ellos significa *verdadero creyente.*

Del árabe ***muslimín,*** plural de ***muslim*** "el que hace profesión del islam"

***Islam*** o islamismo conjunto de hombres y pueblos que creen y aceptan esta religión. Del árabe ***islam***, salvación, religión mahometana, propiamente significa *"resignación, aceptación, de la voluntad de Dios".*

***Islami*** entre los turcos significa amigo y pacífico.

***Imán.-*** En árabe equivaldría al que ***pre side,*** al que sed sienta o está al frente. Se le llama así al que dirige las oraciones en la mezquita, que puede ser cualquier persona que sepa hacerlo.

Según datos de la ONU en 2012 se contaban 1,678,442,000 musulmanes en el mundo.

# DEMONIO Y OTROS DIABLOS

Demonio.- Todavía se usa con el antiguo significado de genio o ser sobrenatural.

Al decir "el demonio de Sócrates" se decía que Sócrates era un genio o tenía un gran talento.

*Ser un demonio*, o "ser el vivo demonio" se le decía a alguien muy travieso o al que tenía una habilidad muy especial para algunas.

*"Hecho un demonio"* se dice de alguien cuando se encoleriza.

Del griego *daímōn,* genio, en latín *daemon* y *daemŏnĭum,* espíritu, inteligencia... diablo espíritu maligno, o divino, asombroso... etc..

**DIABLO.-** Del griego *diabállein,* calumniar, *diábolos*, calumniador.

Es el nombre que se da a los ángeles caídos y a cada uno en particular.

**LUCIFER.-** Del latín *Lucifer*, el lucero, de *lux, lucis*, luz y *ferre,* llevar el que lleva luz. Por eso a los diablos no se les teme tanto, hasta hablamos de diablillos. De más respeto es...

**SATÁN, SATANÁS.-** En hebreo Satán, griego y latín Satanás, enemigo común. Rigurosamente Satanás significa adversario.

# IDENTIDAD

Identidad según el diccionario de la Real Academia Española: Conjunto de rasgos propios de un individuo o de una colectividad que los caracterizan frente a los demás.

Conciencia que una persona tiene de ser ella misma y distinta a las demás.

Hecho de ser alguien o algo el mismo que se supone o se busca.

Cuando se habla de crisis de identidad, es como decir por ejemplo que los argentinos son italianos que se creen ingleses y hablan español. Así como del mexicano yo diría que somos ni indio ni español... sino todo lo contrario, porque de los dos renegamos ninguna de las dos cosas queremos ser y mientras somos y no somos, vivimos de la greña interna y exteriormente. Es cuando se habla de crisis de identidad

IDENTIDAD.- La cualidad de ser idéntica una cosa con otra. Del latín *idēntĭtas*, de *ĭdem,* el mismo y *ens, entis,* ente.

De allí que IDÉNTICO es lo que en sustancia o realidad es lo mismo que otra cosa... identificarse con alguien o algo es... encontrar cosas en común.

## *CEÑO SEMBLANTE*

Ceño Demostración o señal de enfado y enojo que se hace con el rostro, dejando caer el cejo o arrugando la frente.

Del latín *cinnus*, señal hecha con los ojos. Gesto de disgusto y preocupación que consiste en arrugar la frente y el entrecejo. "con el seño fruncido"

*"Seño y enseño, del mal hijo hacen bueno"* de ceñir, ceñir el entrecejo o el sobrecejo.

ENTRECEJO.- Intercilium, espacio entre las dos cejas. ceja en griego es kyla.

SEMBLANTE.- Adjetivo anticuado, semejante. La representación exterior en el rostro de algún estado de ánimo interior. Cara, rostro, metáfora, la apariencia y representación del estado de las cosas, sobre el cual formamos el concepto de ellas... Del latin simĭlans similāntis, participio activo de similāre, semejar..

Semblanza... TECATA.- La corteza del queso.

El significado de la palabra Tecate es desconocido, pero se sabe que el nombre se lo dieron sus habitantes étnicos. Algunos historiadores creen que significa "piedra cortada" o "árbol cortado". Pero hay muchas versiones del origen de Tecate.

## *ANÉCDOTA*

ANÉCDOTA es un relato, ordinariamente breve, de algún rasgo o suceso particular, más o menos notable. Viene del griego *anekdota,* de *anekdotos,* inédito, no publicado, no conocido, especie no vulgarizada. De modo que se toma como algo reservado o secreto. *An* es privativo, no y *ekdotos,* dado a luz, compuesto de ek feura y dotos dado... de allí viene editado... dado a la luz, publicado.

La diferencia entre cuento y anécdota es que el cuento se refiere sin otra medida que la invención de nuestro capricho, es un manjar de fantasía fruto de ingenio y que se puede adobar con la salsa que se quiera, ya sea picardía, suspenso, comedia o tragedia... El cuento tiene algo de fábula, de refrán, de consejo, de chiste, de burla. La anécdota tiene algo de historia, de aventura, de revelación.

Referir un cuento es casi siempre una distracción. Referir una anécdota es muchas veces debilidad, indiscreción y hasta felonía.

# NEFASTO

Los romanos llamaban **Dies fasti** aquellos que eran considerados sacramentalmente legítimos y de buen augurio. En su calendario figuraban con una F aquellos días en que se podían tratar asuntos civiles, judiciales o de trascendencia pública sin peligro de ofender a los dioses. Estos días **fastos** eran aprovechados para las grandes ceremonias religiosas o políticas, pues durante ellos se consideraba imposible que reinase la mala suerte.

Los días que no eran considerados fastos se llamaban, naturalmente, **nefastos** y durante ellos no se efectuaban otros actos que los absolutamente imprescindibles.

La palabra **nefasto**, que se refería a días, pasó poco a poco a aplicarse a toda clase de sucesos o acontecimientos desgraciados y así es como se usa hoy. Mientras que **fasto** pasó a significar hoy en día lujo o fausto, en el sentido de grande ornato, pompa exterior o feliz, afortunada y venturosa. Fausto viene del latín **fastus**, orgullo, y Fasto de los días **fasti**, como se dijo al principio.

Tal vez, omo en los días fastos los romanos celebraban las grandes ceremonias oficiales, poco a poco se identificó el fasto con el fausto.

## BABOR Y ESTRIBOR

ESTRIBOR.- En marina se le llama estribor al lado derecho del barco viendo de popa a proa, de atrás hacia adelante... Cuando dice Espronceda: "viento en popa a toda vela..." quiere decir que el viento sopla por la parte trasera del barco empujándolo sobre las olas...L palabra pudo venir del islándico styribord.... En un serio periódico tapatío leí que decía "por el estribor de la derecha" mal dicho, no comenté porque ese mismo periódico puso en un pie de foto que los romanos usaban el cacao como moneda...  comenté y el editor se molestó, pero el cacao es tan americano como el maíz y la papa, o más... Así que si estribor quiere decir derecho no hay necesidad de repetirlo. .

BABOR.- Es el costado izquierdo de la embarcación... del antiguo alto alemán, backbord, compuesto de back, castillo de proa y bord, borde, borde o lado del buque.

# VESTÍBULO

Vesta era una diosa romana, que presidía el hogar doméstico. Vesta era hija de Saturno y Rea y que, perseguida por Apolo, Poseidón y otros dicen que Príapo, fue a refugiarse junto a Júpiter, jurando que permanecería siempre virgen, por lo que los hombres le consagraron el fuego, que, siendo puro, purifica todas las cosas.

En todos los hogares romanos figuraban pequeños altares dedicados a Vesta y como, generalmente, el sitio más amplio y digno de la casa era el atrio o portal, en el que el dueño de la casa colgaba sus trofeos e insignias honoríficas y recibía a sus clientes o visitantes, el lugar en cuestión se denominó vestíbulo..

## AFEITAR

AFEITAR.- Hacer o cortar la barba. Aderezar o componer con afeites a alguna persona. Se dice especialmente de las mujeres y se usa como recíproco, afeitarse. *"Me voy a afeitar"* (me voy a rasurar).

Hablando de jardines, recortar o igualar las plantas. Cortarles las crines y las puntas de la cola a los caballos, mulas y machos. Anticuado adornar, hermosear, componer. Del latín, **affectāre,** afectar, aliñarse escrupulosamente.

**AFEITE.-** El aderezo o compostura que se da a alguna cosa para hermosearla. Se dice especialmente del que usan las mujeres en rostro, garganta para aparecer bien. Algunos hacen venir la palabra de **affictus**, fingido, contrahecho, postizo, pero lo más seguro es que venga de afeitar...

**ALIÑO.-** Adorno, aseo, compostura. Por lo general se usa en plural: aliños. De **aliñar**. Del latín **ad**, a y **lineāre**, poner en línea, en orden.

También se dice aliñar al condimentar ciertos alimentos: *aliñar la verdura.*

*O aliñarse para salir. "¿Adónde as tan aliñado?*

# *APÉNDICE*

*Apéndice.-* Es una adición, añadidura o suplemento que se hace a alguna obra o tratado. Del latín *appendex apendicis* adición añadidura compuesto de *ad* cerca y *pendere,* pender, colgar.

En sentido figurado se dice de una persona que sigue continuamente a otra.

Se le llama también al rabillo carnoso en que termina el intestino ciego y que inflamado causa apendicitis.